Sabrina Wilkenshof

Wie man den Staub von
der Hoffnung putzt

SABRINA WILKENSHOF

WIE MAN DEN STAUB VON DER HOFFNUNG PUTZT

Alte Feiertage in neuem Glanz

VIER TÜRME

Danke Maike, für die richtigen Worte damals.

Danke, Freundinnen und Freunde, ihr wisst, wer ihr seid.

Danke, Mama und Papa.

Für Luise, Florentine, Leo und Michael.

Inhalt

Ein persönliches Vorwort

Mein Mann ist farbenblind. Wenn ich ihn frage, ob ich Sonnenbrand habe, kann er nur mit den Schultern zucken. »Du bist wunderschön«, sagt er dann.

Naja, das wollte ich nicht hören. (Also schon, aber nicht als Antwort auf meine Frage.) Ich wollte eine Einschätzung, eine Bewertung. Einen Spiegel, der spricht. Auch bei anderen Menschen frage ich mich oft, was sie über mich denken, mein Leben, mein Aussehen, meine Entscheidungen, mein Sein. Über meine Kinder, meine Laufmaschen, meine Widersprüche. Und dann suhle ich mich im ausgedachten Spiegelbild wie Schweinchen im Matsch und vergesse darüber ganz, was ich eigentlich wollte, zum Beispiel Blumen gießen oder meinen Mann küssen, der zwar farbenblind ist, aber auch sonst nicht bewertet, was er sieht. Ich glaube, Menschen sehnen sich manchmal geradezu nach Bewertungen, nach Definitionen von richtig und falsch, legitim und abseitig oder unverhältnismäßig. Deshalb ist unsere Glaubensvorstellung, unser Alltag, unser Blick auf uns selbst voller Kategorien und Wahrheiten. Es ist nur scheinbar eine gute Lösung, sich eben selbst gnädiger zu bewerten, als andere das vielleicht tun.

Eine andere Möglichkeit, die so wunderbar klingt, dass ich sie mir kaum vorstellen will, wäre es, auf das Bewerten ganz zu verzichten. Keine Sterne wie Google-Bewertungen zu verteilen, keine Treuepunkte zu vergeben, keine Fleißkärtchen, keine Stempelkarten. Nicht für mich, nicht für meine Kinder, nicht für irgendwen.

In diesem Buch versuche ich, einem Leben ohne Bewertungen auf die Spur zu kommen. Und einem Glauben ohne Bewertungen. Für viele Menschen ist Gott so etwas wie eine moralische Instanz, ein kritischer Dauernörgler fast schon, ein unangenehmes Freudsches Über-Ich vielleicht. Und in einer Gesellschaft, die sich digital und analog immer stärker bewertet, abgrenzt und immer genau zu wissen scheint, wie das richtige Leben geht, kann man auf so etwas gut verzichten. Worauf ich aber nicht verzichten kann und will: Auf die Möglichkeit, mein Leben in etwas Größeres einzubetten. Etwas, das wahr ist, ganz ohne mich. Ich will mein Leben in eine tiefe Weisheit hineinfallen lassen, ohne sie selbst ganz verstehen zu müssen. Von dieser Weisheit und Wahrheit schreibe ich – in der Hoffnung, dabei in meine eigenen Fragen und Antworten hineinzuleben.

In den letzten Jahren ist viel in meinem Leben durcheinandergeraten. Und das klingt jetzt so, als wäre das ganz ohne mein Zutun passiert. Das ist es nicht. Ich habe mich verrannt, verlaufen, habe mich und andere verletzt. Ich bin mit dem Kopf durch die Wand, wusste was ich wollte und auch, was mich das kostet. Als das Gefühl, mir selbst verloren zu gehen, immer stärker wurde, stellte ich zudem meinen Glauben immer mehr infrage. Als Theologin und Pfarrerin hatte ich bislang viel von Gottes Gnade geschrieben und gepredigt. Davon, dass sie uns sicher ist, gerade dann, wenn wir uns selbst unsicher werden. Aber jetzt war ich mir nicht mehr so sicher. Gilt das auch, wenn ich an meinem Unglück zumindest teilweise selbst schuld bin?

Eine Freundin stieß mich schließlich mit der Nase darauf: Christ*innen leben aus Vergebung und Neuanfang, immer wieder, sagte sie. Stimmt, dachte ich. Das predige ich jedes Jahr an Ostern. Dass das auch für mich gelten könnte – bis ich das begriffen habe, hat es lange gedauert. Und es dauert noch immer. Vielleicht wird es mein Leben lang dauern und höchstwahrscheinlich geht das sogar den meisten Menschen so: Unsere Erfahrungen machen uns nicht plötzlich klüger, freier, stärker oder überhaupt zu besseren Menschen. Vielmehr geht es immer wieder von vorne los: Die Sehnsucht, der Schmerz, die Hoffnung. Auf morgen, auf ein anderes Ende, auf die erlösende Diagnose, auf den nächsten Versuch, auf nächsten Donnerstag. Zwischendurch fallen wir tiefer, als wir gedacht hätten und fliegen manchmal weiter, als wir es uns je erträumt hätten. Es geht ums Anfangen, ums Aufhören, ums Weitermachen. Immer wieder. Und manchmal auch um all das gleichzeitig, denn schließlich hat jedes Aufhören auch etwas von Anfangen. Und wie weiß man, wann etwas neu anfängt und wo man einfach weitermacht? Diese Gleichzeitigkeit haben Lebenserfahrungen so an sich und eben auch, dass sie sich wiederholen, in immer wieder anderen Schattierungen und Formen.

Für Menschen, die sich zumindest vorstellen können, an so etwas wie Gott zu glauben, kommt noch etwas dazu: All die Feste, die man in der Kirche feiert, spiegeln diese Lebenserfahrungen des Anfangens, Aufhörens und Weitermachens wider. Gottes Anfang mit der Welt an Weihnachten. Der Moment am Kreuz an Karfreitag, wo alles aufhört (und drei Tage später etwas ganz Neues anfängt). Die leise Hoffnung auf ein gutes Leben, das die Jünger*innen weitermachen lässt, als Jesus nicht mehr da ist.

In den letzten beiden Jahren habe ich verstanden, was ich in sechs Jahren Theologiestudium nicht begriffen habe: Advent, Weihnachten, Fastenzeit, Ostern, all die christlichen Feiertage verdichten unsere menschlichen Erfahrungen in biblischen Geschichten und Glaubensbildern. Geschichten aus einer anderen Zeit, die nicht genau so passiert sind, aber trotzdem von einer tiefen Wahrheit erzählen. So wie der Karfreitag zum Beispiel: Er erinnert mich daran, dass das Leben wehtun darf. Dass der Schmerz mir in den Knochen sitzen kann. Dass das Leben mehr sein kann als leicht und hell. Und dass es dann erstmal dunkel wird, bevor am Ostersonntag morgens vorsichtig die ersten Kerzen leuchten. Die christlichen Feste und Feiertage spiegeln unser Leben wider. Und werfen manchmal ein neues Licht darauf – wenn wir es wollen.

Ich habe aufgeschrieben, welche Glaubensbilder in den Lichtern der christlichen Feiertage entstehen. Längere und kürzere Texte, die von mir und meinen Gefühlen, Erfahrungen und Einsichten erzählen und gleichzeitig hoffentlich viel Platz für Deine und Ihre Lebenserfahrungen lassen. So etwas wie Querverweise ins eigene Leben. Dafür gibt es immer wieder »Leerzeilen« in diesem Buch, auf die man schreiben kann, was das eigene Leben so darauf antwortet. Und: An manchen Feiertagen habe ich mir Impulse ausgedacht, wie man etwas tun oder verändern kann im eigenen Alltag und Leben. Sie sind inspiriert von der *Playing Arts Bewegung*, in meinem Fall besonders von Birgit Mattausch (Hildesheim) und Andrea Kuhla (Berlin).

Das Kirchenjahr hat übrigens auch Farben, die kennen allerdings die wenigsten Menschen. Ist man dann »kirchenjahresfarbenblind«? Ja, könnte sein. Aber das macht nichts. Vielleicht trägt dieses Buch ja dazu bei, die eigenen Farben im Leben wieder kräftiger und klarer malen zu können. Mit allen Grautönen, die dazugehören.

Von der Wahrheit biblischer Geschichten

Immer wenn ich meine Tochter ins Bett bringe, erzähle ich ihr zwei ausgedachte Geschichten. Das hat schon mein Papa mit mir so gemacht. Eine seiner besten Geschichten war die vom kleinen Regentropfen, der viele Abenteuer erlebt. Und die vom Taxifahrer Eddi. Den gab es wirklich, ein Kollege meines Papas. Mich faszinierte die Mischung aus Konstruktion und Realität, Fantasie und Wahrheit. Und was war schon Wahrheit? Wahres Leben war in allen Geschichten. Angst und Mut und Abenteuer, am Ende ging es zumindest so gut aus, dass ich einschlafen konnte.

Die Geschichten, die ich heute bei Trauungen, Beerdigungen und Taufen und auch in ganz normalen Sonntagspredigten erzähle, ähneln diesen Gutenachtgeschichten. Wir wissen, dass nicht alle Bibelgeschichten genau so passiert sind. Das macht sie nicht weniger wahr. Vieles in ihnen stimmt genau auf diese Weise, am meisten das Vertrauen, die Gnade und die Gewissheit, das weitererzählen zu wollen. In einer Predigt erzähle ich die Geschichten weiter. Zusammen mit den Geschichten der Menschen vor mir. Nicht so, dass immer alles gut ausgeht, aber so, dass man einschlafen kann. Und wieder aufstehen. Für neue Geschichten, für Angst, Mut und Abenteuer.

Unpünktliches Glück

1. ADVENT

Der Advent beginnt früh dieses Jahr. Und ich möchte fast sagen: Unpünktlich! Er hat nämlich eigentlich am 1. Dezember anzufangen. Gleichzeitig mit dem Adventskalender. Und, fast noch wichtiger, pünktlich zu meinem Geburtstag. Wahrscheinlich war das noch gar nicht oft der Fall in meinem Leben, dass ich am Sonntag, den 1. Dezember auch den 1. Advent feiern konnte, aber wenn es so war, dann fand ich es einfach perfekt: Da brennen Kerzen auf meinem Geburtstagskuchen und daneben steht der Adventskranz, an dem ich heute die erste Kerze anzünden kann. An der Schrankwand im Wohnzimmer hängt der Adventskalender, den meine Eltern für mich befüllt haben. Ich packe die Geschenke aus und fühle mich überreich, als ich auch noch das erste Türchen öffnen darf. Noch mal Schokolade. Draußen schneit es. Ich bin im Schlafanzug. Alles perfekt.

Genau so ist es wahrscheinlich niemals gewesen. Aber in meinem Herzen gibt es diese perfekte Situation, diesen Moment, in dem alles zusammenpasst. Ich glaube, es ist wichtig, solche wunderbaren Tage der Vergangenheit im Herzen zu bewahren. Und es macht gar nichts, wenn man sie sich ein bisschen schöner schummelt, als sie waren. Für gewöhnlich brennen sich all die Enttäuschungen, die Schmerzen und Verluste unseres Lebens tief genug in unsere Seele ein. Wir brauchen uns keine Sorgen zu machen, dass uns die allzu perfekten Erinnerungen etwas vorgaukeln. Im Gegenteil: Sie symbolisieren etwas von der Sehnsucht nach Wärme, Heilsein und Geborgenheit, die in jedem Menschen wohnt. Diese Sehnsucht sieht immer anders aus, aber immer hat sie so etwas wie ein Vorbild: So soll es sein. So fühlt sich für mich Glück an. Bei mir riecht es nach Schokoladenkuchen, dem Kaffee meiner Eltern, nach Tannenzweigen und Kerzenwachs. Und es klingt nach Tochter Zion.

Erinnerungen an das Glück tragen uns durch die Montagmorgen und all die anderen noch viel anstrengenderen Zeiten unseres Lebens. Das ist gut. Schwierig wird es aber, wenn ich das Gefühl habe, ich warte schon ewig darauf, dass sich das Leben endlich mal wieder leicht und richtig anfühlt. Das war in den letzten Wochen so und ich stecke noch mittendrin. Das ist also kein rückblickender Text mit der Aussage: »Und dann wurde doch noch alles gut, wie gut, dass ich Geduld hatte!«

Stattdessen habe ich also über meine Sehnsucht nach dem Glück nachgedacht und festgestellt, dass mir dieses perfekte Timing von Geburtstag, Advent und Dezemberanfang auch sonst im Leben fehlt: Wenn es doch immer so wäre, dass ich genau wüsste, wann das Leben endlich wieder süß schmeckt, wann es Geschenke gibt, wann endlich der richtige Moment ist für das, was ich mir wünsche:

Aber das, was mir besonders wichtig ist, scheint keine Rücksicht darauf zu nehmen, was ich für den besten Zeitpunkt halte. Es kommt dann, wenn ich zwar warte, aber nicht damit rechne. Ich finde es schrecklich, nicht zu wissen, wann für was der richtige Moment ist. Wann muss ich handeln, Entscheidungen treffen, mich reinhängen ins Leben? Und wann sollte ich mich zurücklehnen, durchatmen, die Augen schließen und abwarten? Ich blättere durch meinen Kalender, aber da steht auch nicht, wann das Glück vor der Tür steht. Und noch dazu: Würde ich es überhaupt erkennen, wenn es da wäre?

Es gibt im Leben kein perfektes Timing. Und es ist wahrscheinlich gut, sich das irgendwann einzugestehen. Denn eigentlich macht es das leichter, wenn wir nicht ständig das Gefühl haben, den besten Zeitpunkt schon verpasst zu haben. Schließlich wären wir sonst ständig in der Warteposition auf eben diesen richtigen Zeitpunkt. Und was wäre dann mit all den anderen Tagen im Jahr? Völlig glücklos?

Der Advent ist – das liest man oft – eine Wartezeit. Aber ich glaube, er ist eben nicht einfach eine Wartezeit auf Weihnachten. Er ist eigentlich die beste Möglichkeit, alle Wartezeiten unseres Lebens in diese vier Wochen am Ende des Jahres zu packen: Das Nachdenken und Überlegen über unsere Hoffnungen und Wünsche, die Aufregung. Und vielleicht auch die Enttäuschung darüber, dass manchmal das Warten nicht hilft. Nicht immer steht am Ende einer Wartezeit auch das Glück. Es geht nicht immer gut aus. Manchmal zerschlagen sich meine Hoffnungen und alles, wofür ich gearbeitet habe, es rieselt mir durch die Finger. Ich kann es nicht festhalten, und das, was mir bleibt, ist doch wieder das Warten auf das Glück. Während ich warte, dass Sonntag ist und der 1. Advent und gleichzeitig mein Geburtstag, wärme ich meine Hände am unpünktlichen Glück meines Lebens. Denn das gibt es auch, sogar noch sehr viel öfter als das große, pünktliche, perfekte Glück.

Beides hat seinen Platz: Die Hoffnung auf das Heilwerden und Geborgensein, aber auch das Sich-Einfinden im unperfekten Hier und Jetzt. Wo der Adventskranz erst kurz vor dem 2. Advent fertig ist, weil ich vergessen habe, Kerzen zu kaufen.

Ich bin so dankbar für all das unpünktliche Glück in meinem Leben. Ihm verdanke ich zum Beispiel mein drittes Kind und meinen Blog. Ihm verdanke ich eine beste Freundin aus den weiten Welten des Internets und die Hoffnung, dass ich auch ohne das perfekte Timing ein ziemlich schönes Leben haben kann. Ich darf aufhören zu warten. Ich darf aufhören, mich zu fragen, ob ich den besten Zeitpunkt schon verpasst habe. Denn es gibt ihn nicht. Es gibt nur mich und das Leben. Und Gott, der die Hoffnung auf Heilwerden und Erlöstsein nicht ausgehen lässt in mir. »Seht auf und erhebt eure Häupter!«, heißt es am 2. Advent. Weil sich eure Erlösung naht. Ja, sie naht sich. Immer wieder. In jedem Advent und Dein ganzes Leben lang. Sie ist Dir nahe. So nahe, dass sie Dich traurig und glücklich zugleich macht. Du musst nicht warten, aber Du darfst hoffen.

Was ist denn jetzt wahr?

Ende November, zu der Zeit, wenn ich panisch die letzten Säckchen der Adventskalender befülle, rückt jedes Jahr ein unvermeidliches Gespräch mit meiner Mutter, die zugleich die Oma meiner drei Kinder ist, näher: Wie machen wir das denn an Nikolaus? Das heißt übersetzt: Soll ein Mann mit Bart kommen? Mit einem Sack voller Geschenke? Dass wir das mit dem Krampus (hier in Bayern ist das der kleine böse Sidekick des Nikolaus) weglassen, weil er den Kindern Angst macht, ist klar. Dass mir aber das mit dem Nikolaus Angst macht, muss ich gefühlt jedes Jahr wieder verteidigen. Er macht mir Angst, weil er in seinem großen Sack alles mitbringt, was ich in der Begleitung meiner Kinder zu vermeiden versuche: moralische Richtigkeiten, heruntergebetete Gedichte, die man auswendig lernen muss und nicht will, Belohnungen fürs Bravsein und eigentlich auch Bestrafungen, denn die schwingen bei aller Erleichterung über den fehlenden Krampus trotzdem mit. Schokolade, Geschenke und Zuwendung gibt es für das Richtigmachen – und dann wird noch aus dem Buch vorgelesen, wann das Kind aber ein bisschen frech war usw. Schrecklich.

Ich habe also mit dem Nikolaus abgeschlossen. Nicht ohne ein leichtes Ziehen im Magen, denn eigentlich legt er nur den Finger in eine offene Wunde: Ich will nicht, dass meine Kinder »brav« sind, sich anpassen, alles machen, was ich sage – und eigentlich will ich das natürlich doch. Nur eben von selbst, aus eigener Einsicht. Der Nikolaus macht diesen Struggle real: Ich will das Verhalten meiner Kinder nicht bewerten, belohnen und bestrafen, und tue es gleichzeitig immer wieder, eigentlich pausenlos: »Sei nicht so aufgedreht, kannst du damit aufhören?« »Deine Ärmel gehen kaputt, wenn du sie so langziehst!« »Warum räumst du denn deine Jacke nie auf?« Fragen, die keine sind, und Behauptungen, die ich aufstelle wie steinerne Tafeln. »Immer willst du die Bestimmerin sein!«, sagt meine Tochter. Und ich schlucke und denke: Ja. Nee, eigentlich nicht. Eigentlich wäre es mir lieber, es würde einfach so alles gut sein. Ohne meine Ermahnungen, aber auch ohne meine eigene Unsicherheit, wie das denn jetzt eigentlich geht mit dem richtigen Leben. Denn ziemlich oft gebe ich mein eigenes wackeliges Balancieren an meine Kinder weiter und verkaufe es als Wahrheit. Belohnt werde ich dann mit Tagen, an denen nicht allzu viel vergessen wurde, kaputt oder verloren gegangen ist. Da sind Mandarinen, Äpfel und Schokolade eigentlich ein besserer Tausch für meine Kinder.

Vor ein paar Jahren habe ich morgens im Radio gehört, wie die Moderatorin von ihrem Kindheits-Nikolaus erzählte. Das war der Opa, immer. Mit Bischofsmütze und Stab. Aber: Ohne Bart und ohne verstellte Stimme. Alle hatten gewusst, dass das der Opa war. Das sei ihm wichtig gewesen, erinnert sich die Moderatorin. Zu keinem Zeitpunkt wollte er die Kinder und Enkelkinder anlügen. Es sollte ein Spiel sein, und zwar ein gemeinsames. Eines, das den Besuch des Bischofs zwar als Brauch würdigte, aber ohne das Raunen des allwissenden Buchs auskam und auch ohne das dementsprechende Abwägen von »Warst du auch brav genug?«

Ich war gerührt. Und überzeugt, von einem auf den anderen Moment. Das war es: ein Spiel. Ein ernstes, gutes Spiel.

So wie alle wirklichen Spiele eine Wahrheit sagen. Weil sie mit dem Sichtbaren spielen, das nicht Sagbare zeigen und in andere Kleidung stecken. Oder in Spielfiguren. Ein Spiel, eine Kunst. Niemand käme auf die Idee zu sagen, bei Monopoly lüge man Kinder an, weil man ihnen vorgaukle, dass sie reich seien und Häuser bauen könnten (dass sie vielleicht dabei kleine Kapitalist*innen werden – ein anderes Thema ...). Aber in Bezug auf den Nikolaus, da ist etwas von einer Lüge »im Spiel«. Ein Vorschuss an Wissen, das im allwissenden Buch des Nikolaus steckt, der alles über das richtige Leben zu wissen scheint. Dieses »wissen, wie es geht«, das leben wir Erwachsenen den Kindern unbeirrt vor – und sind gleichzeitig oft so erschöpft von diesem Versteck- und Theaterspiel. Denn eigentlich sind wir es doch – Eltern, Großeltern usw. –, die sich jeden Tag verkleiden: Als Weltenversteherinnen und Lebenskapierer. Als die, die den Laden im Griff haben. Um abends dann den Kopf ins Kissen fallen zu lassen und die eigene Unsicherheit endlich zuzulassen. Manchmal kommen Tränen dazu und Zweifel daran, ob es denn wirklich so weitergehen kann. Ja natürlich, in Gummistiefeln kriegt man weniger schnell nasse Füße als in Flipflops, vom Nichtzähneputzen bekommt man Karies. Aber dieser Pool an nützlichen Wahrheiten ist eigentlich ziemlich klein und auch so flach, dass unsere Kinder ganz schön schnell keine Schwimmflügel mehr brauchen.

Wäre es dann nicht viel entspannter, sich an den Beckenrand zu setzen, die Füße ins Wasser hängen zu lassen und einfach zuzuschauen? Man kann ja schnell reinspringen, wenn dann doch Hilfe gebraucht wird. Oder Pommes holen gehen, wenn die Kinder mit blauen Lippen aus dem Wasser kommen.

Moment, wie sind wir jetzt vom verschneiten Dezember noch mal ins Freibad gekommen? Richtig, wegen der Verkleidung. Wir tauschen also Bischofsstab und -mütze gegen Schwimmflügel und Pommes rot-weiß. Verkleiden uns nicht mehr, sondern wappnen uns mit Luft und Liebe. Lesen nicht mehr aus dem allwissenden Buch vor, sondern gehen im Zweifelsfall einfach mit ins Wasser. Wir spielen mit. Das Spiel des Lebens ohne Lügen, aufgesetzte Sicherheit und unangezweifelte Wahrheiten. Wenn die Tränen kommen, lassen wir sie zu, sie schmecken ein bisschen wie Meerwasser. Und das offene Meer gibt es ja auch noch. Das kommt nach dem Freibad, in den großen Ferien vielleicht. Und später immer wieder. Mit Sand unter den Füßen und dem Himmel über uns. Und Bischof Nikolaus kann seinen schweren Sack abstellen und die Mütze ablegen. Endlich.

Sieh auf!

Nicht ich, sondern Du, Gott.
Näherst Dich.
Ich erlöse hier gar nichts und niemanden.

Hebe Dein Haupt!
Deines, nicht das der anderen.
Dein Haupt, Deine Hauptsache,
Deinen Scheitel, Deine Würde.
Nicht Deinen Geist.
Nicht Deine Argumente.

Dein Haupt sollst Du erheben.
Damit Du sie siehst, die Erlösung.
Sie trägt Dornen und Eis, Liebe und Glanz.
Erlöst Dich vom Denken und Handeln.
Legt Würde auf Dein Haupt.
Trotz allem.

Dein Gott kommt.

Bahn frei!

Alles liegt rum. Die Druckerpatronen sind seit Wochen leer. Der Brief an die Krankenkasse und die Rentenversicherung muss zur Post. Weihnachtskarten wollte ich schreiben, ein Geschenk für das Patenkind verschicken. Alles liegt rum. Auf Stapeln oder im Raum verteilt. Dazwischen das schlechte Gewissen. Nicht angerufen, nicht gekümmert, nicht, nicht, nicht.

Verantwortung liegt auf mir. Dreckiges Geschirr steht mir im Weg. Und Advent ist auch noch. Ich sollte aufräumen. Aussortieren. Beziehungen, Socken mit Löchern, Teebeutel. Oder eine Bilanz ziehen. Damit das Neue auch kommen kann.

Mit dem Advent beginnt im Kirchenjahr schon das Neue. Der 1. Advent ist der 1. Sonntag im Kirchenjahr. Wir zählen hier ein bisschen anders. Und das, obwohl Jesus ja dann noch gar nicht geboren ist. Der kommt sozusagen erst vier Wochen später dazu. In diesen Wochen vor Weihnachten ist deshalb in der Kirche Aufräumzeit. Fastenzeit heißt das dann. Eine Nachdenkzeit darüber, was so herumliegt im Leben. Und über das, was durch den Druck und das Chaos schwer auf mir draufliegt.

In der Weihnachtsgeschichte gibt es so etwas wie eine »Aufräumfigur«. Es ist Johannes der Täufer (man findet ihn zum Beispiel im Markusevangelium, Kap 1, V. 6). Man nennt ihn Täufer, weil er davon redet, dass man das Alte abwaschen und sich mit dem Wasser der Liebe Gottes taufen lassen soll.

Er selbst sieht aber nicht so aufgeräumt aus, steht in der Bibel. Er trägt komische Klamotten und isst Heuschrecken. Eher ein wilder Typ. Und trotzdem sagt er:»Schaut mal, was da so alles liegt. Und räumt auf.« Man nennt Johannes den Täufer deshalb einen Bußprediger. Wobei: Statt Buße kann man eben auch »Aufräumen« sagen. Benennen, was da ist. Es vor Gott legen. Den ganzen Müll, alles, was mir die Seele schwer macht.

Allerdings: Das ist kein»Magic Cleaning«, so wie bei Marie Kondo, der Ordnungsqueen aus den USA. Es ist danach nicht alles perfekt aufgeräumt. Eher so:»Ich habe mir alles angeschaut, fast alles. Ein paar Dinge kann ich aufräumen. Abheften vielleicht. Ansprechen. Anderes kostet zu viel Kraft, um es ganz aufzuräumen. Das kann ich maximal zur Seite schieben.«

Es wird uns nie gelingen, alles in uns aufzuräumen. Wir sind nie ganz rein, ganz klar, ganz heil. Wir bleiben innerlich unordentliche Menschen. Gerechte und Sünder*innen, heißt das in der Kirche. Heilige und Trotzdem-Heilige.

Und so, wie man für Weihnachten nicht alles auf Hochglanz bringen muss, damit trotzdem Weihnachten wird, so braucht es Gott auch nicht perfekt aufgeräumt, damit er zu Dir kommt, er kann schließlich über alles drübersteigen, er ist ja Gott. Aber vielleicht kannst Du ihn besser sehen, wenn weniger in Dir herumliegt? Vielleicht brauchst Du es manchmal, in Dir aufzuräumen. Weil so viel Staub auf Deiner Hoffnung liegt. Und weil Unordnung unsere Aufmerksamkeit manchmal so magisch anzieht. Wir sehen dann nur noch all das Unaufgeräumte, nicht Erledigte. Und ohne, dass wir es merken, übertragen wir diesen Blick auf alles andere. Sehen plötzlich nur noch das Unfertige, das, was uns nicht zufrieden macht, sondern unruhig. Wir werden nervös, weil wir so nicht sein wollen. Fühlen uns ein bisschen schmutzig, riechen heimlich an unserer Kleidung, schauen auf unsere Nägel, sehen die abgesplitterte Farbe und dass sie zu lang sind. Und auf einmal ist uns das ganze Leben ein bisschen zu zerknittert, es müffelt und ziept. Das liegt nicht nur an den wirklich unordentlichen Stellen, sondern auch daran, dass wir es nicht mehr schaffen, das Helle und Leichte zu sehen. »Dann schreib auf, wofür Du dankbar bist!« Ein guter Ratschlag, der vielen Menschen hilft. Mir leider nicht. Ich bekomme umgehend Schuldgefühle, dass ich nicht sowieso viel dankbarer und glücklicher bin. Geht mir doch so gut! Aber nein. Die Unordnung schnürt mir die Luft ab und ich schaffe es nicht, aufzuräumen. Mit jeder Minute, die vergeht, wird es schlimmer.

»Halt«, sagt Johannes der Täufer. »Nicht weitermachen, jetzt musst Du in die andere Richtung laufen! Umkehren. Nicht weitergehen auf dem Weg, auf dem Du immer mehr Dunkles siehst und immer mehr, was verbessert werden muss. Dreh um! Denn hinter Dir, da ist der Himmel und er ist ganz nah!« Das Verrückte an seinen Worten ist, dass sie wahr sind. Der Himmel ist gar nicht vor uns. Er fängt nicht dort an, wo wir fertig mit Aufräumen und Verbessern sind. Wir stehen mittendrin. Das Umkehren und Büßen und Fasten und Aufräumen bedeutet nicht, dass wir das alles machen sollen, damit wir uns dann bestens vorbereitet in die Perfektion stürzen können. Es meint vielmehr, dass das Umdrehen dazugehört. Damit wir anschauen, was da alles liegt. Richtig anschauen. Es nicht nur als Ausdruck unserer eigenen Unvollkommenheit sehen und damit gleichzeitig irgendwie abhaken. Wir müssen es in die Hand nehmen, ganz vorsichtig, vielleicht sind da scharfe Kanten, an denen wir uns schneiden könnten. Und dann? Wohin damit? Das könnte er doch jetzt gleich dazusagen, der Johannes, oder? Schließlich löst sich das Schwere, Scharfe, Harte nicht in Luft auf, bloß weil wir uns endlich trauen, richtig hinzuschauen.

Nein, auflösen wird es sich nicht. Aber es verändert sich trotzdem. Denn in dem Moment, in dem wir uns umdrehen, stehen wir zusammen im Himmel. Zusammen mit den anderen, die auch ihren Müll dabeihaben und zusammen mit unserem Müll natürlich. Da fängt es an. In dem Moment, in dem Du merkst: Hier bist Du nicht falsch mit Deinem Falschsein. Sondern genau am richtigen Ort. Im Himmel, der von oben nach unten und von links und rechts auf Dich übergeht. Auf der Erde, dem Boden der Tatsachen. Dann musst Du selbst eigentlich gar nicht mehr so viel tun, meint Johannes, der nicht umsonst der Täufer heißt. Denn Du stehst nicht nur im Himmel, sondern auch noch im Regen: in einem klaren Sommerregen, der Dir den Dreck von den Händen wäscht und den Schmutz von den Füßen. Du stehst da, musst nicht weiter sortieren, aufräumen, wegwerfen, sondern wirst durchgeregnet, durchgewaschen, durchdrungen von der heiligen Ewigkeit, die deinen Müll, dein schönes weites Herz und alles dazwischen schon längst gesehen hat. Du wirst mit allen Wassern der Liebe gewaschen, getauft an Leib und Seele. Dir ist kalt und warm zugleich in diesem Regen, diesem Taufregen. Du streckst Dein Gesicht dem Himmel entgegen. Mit den Füßen auf dem Boden der Tatsachen, dem Himmel um Dich herum, dem Wasser auf dem Kopf. Und so, wie es jetzt ist, brauchst Du Dich vor nichts zu fürchten. Gott kommt und ist eigentlich auch schon da. In Deiner unaufgeräumten Seele.

Sunny

4. ADVENT

Wenn die Nachbarin aus dem dritten Stock links Verdi-Arien sang, klapperten oben im vierten Stock die Gläser. Sie sang unter der Dusche, beim Lockenwickleraufdrehen und besonders gerne beim Staubsaugen. Vielleicht dachte sie, beim Lärm des Staubsaugers würde man sie nicht im ganzen Haus hören? Vielleicht dachte sie auch gar nicht nach. Vielleicht sang sie auch einfach nur gern.

Im zweiten Stock rechts roch es immer nach Waschmittel. Nicht unangenehm, nur eindrücklich. Und die rotwangige Frau und ihr Mann sahen selbst immer ein bisschen gut geputzt und wohlriechend aus. Nur sonntags, da roch es nach Blaukraut und Semmelknödel. Ja, auch Semmelknödel können riechen.

Im vierten Stock rechts hingegen duftete es jeden Tag anders. Nach Tomaten, Knoblauch und Auberginen. Manchmal auch nach Minze, Koriander und Zimt. Und immer nach vielen Zwiebeln. Der Mann arbeitete als Teppichschneider – zumindest war das die Arbeit, die er manchmal bei den Nachbarn versah, wenn jemand sich einen neuen Teppich fürs Schlafzimmer kaufte. Die Kinder der Familie waren vor allem viele, obwohl die Wohnung auch nur vier Zimmer hatte.

Es waren zwei Häuser mit jeweils acht Wohnungen. Wenn man über den Dachboden lief, konnte man ins Nachbarhaus gelangen, da, wo es immer nach Zwiebeln roch. Dann ganz nach unten – und durch den Keller wieder zurück in das erste Haus.

Wenn man dort nach ganz oben ging, da wohnte Sunny, das schönste Mädchen der Siedlung. Sie hatte schwarze Haare, natürlich gefärbt. Und auch blonde, natürlich gefärbt. Ihre Nase war klein und spitz und sie trug darin einen silbernen Stern. Dass ihr Bauch irgendwann dicker wurde, machte sie nicht weniger schön. Aber vielleicht am Anfang unglücklicher, das weiß ich nicht so genau. Ihre Eltern machte es auf jeden Fall unglücklich, zumindest am Anfang. Sie hätte es besser haben sollen. Ausbildung, feste Stelle, vielleicht Büro. Keine Sozialhilfe. Die Hälfte der Wohnungen in den beiden Häusern war für Sozialhilfeempfänger bestimmt, so hieß es damals noch. Nicht in allen Wohnungen roch es nach Waschmittel. In manchen auch nach Rauch und Alkohol. Nicht in allen Wohnungen sangen die Frauen. In manchen weinten sie auch und die Türen knallten dazu. Sunny hat sie mit Sicherheit zugeknallt, als sie an diesem Abend aus der Wohnung rauschte.

»Im sechsten Monat wurde der Engel Gabriel von Gott in eine Stadt in Galiläa namens Nazaret zu einer Jungfrau gesandt. Sie war mit einem Mann namens Josef verlobt, der aus dem Haus David stammte. Der Name der Jungfrau war Maria. Der Engel trat bei ihr ein und sagte: Sei gegrüßt, du Begnadete, der Herr ist mit dir. Sie erschrak über die Anrede und überlegte, was dieser Gruß zu bedeuten habe. Da sagte der Engel zu ihr: Fürchte dich nicht, Maria; denn du hast bei Gott Gnade gefunden. Siehe, du wirst schwanger werden und einen Sohn wirst du gebären; dem sollst du den Namen Jesus geben. Er wird groß sein und Sohn des Höchsten genannt werden. Gott, der Herr, wird ihm den Thron seines Vaters David geben. Er wird über das Haus Jakob in Ewigkeit herrschen und seine Herrschaft wird kein Ende haben. Maria sagte zu dem Engel: Wie soll das geschehen, da ich keinen Mann erkenne? Der En-*

gel antwortete ihr: *Heiliger Geist wird über dich kommen und Kraft des Höchsten wird dich überschatten. Deshalb wird auch das Kind heilig und Sohn Gottes genannt werden.* Siehe, auch Elisabet, deine Verwandte, hat noch in ihrem Alter einen Sohn empfangen; obwohl sie als unfruchtbar gilt, ist sie schon im sechsten Monat. Denn für Gott ist nichts unmöglich. Da sagte Maria: Siehe, ich bin die Magd des Herrn; mir geschehe, wie du es gesagt hast. Danach verließ sie der Engel« (Lukasevangelium, Kap. 1, V. 26–38).

Sunny hieß eigentlich Sonja. Und sie zog die Sache durch. Machte die Hauptschule fertig. Warf die langen Haare im Bus nach hinten und zog das Mathebuch aus dem Rucksack. Ich saß manchmal vor ihr. Hinter ihr ging nicht. Die Coolen sitzen im Bus schließlich immer ganz hinten. Danach habe ich sie eine Zeit lang aus den Augen verloren.

Und dann an der Kasse im Drogeriemarkt wiedergesehen. Sie hat mich natürlich nicht erkannt. Aber sie war genauso schön wie früher. Mit glitzerndem Silberstern in der Nase. Das Kind hatte sie natürlich nicht dabei. Eine Kita gab es nicht. Aber Oma und Opa. Und einen Sandkasten vor unserem Haus. Kinder und Mütter und Opas mit Thermoskannen und Butterkeksen gab es eh genug. Fiel eines mehr auch nicht auf. Ronja hieß sie. Fast wie Sonja.

Vielleicht ist es kitschig, dass ich Sunny mit Maria vergleiche. Weil es so ein Klischee ist: Das Mädchen aus ärmlichen Verhältnissen, aus dem Glasscherbenviertel, das dann allein ihr Kind aufzieht und doch irgendwie alles gut hinbekommt.

Vielleicht ist es kitschig. Das macht es aber nicht falsch. »Fürchte dich nicht, Maria; denn du hast bei Gott Gnade gefunden. Denn für Gott ist nichts unmöglich.« Dass ein Engel erscheint, der Dir die Angst nimmt vor der Zukunft, in weißem Gewand vielleicht sogar und mit Flügeln – das IST kitschig.

Und dann sagt sie auch noch: »Siehe, ich bin des Herrn Magd; mir geschehe, wie du gesagt hast.« Sie gibt dem Engel, sie gibt Gott ihr Leben in die Hand. Mir geschehe, wie du willst.

Im Magnificat, dem Loblied der Maria, das in der Bibel steht, heißt es: »*Du hast die Niedrigkeit deiner Magd angesehen. Siehe, von nun an werden mich selig preisen alle Kindeskinder. Denn er hat große Dinge an mir getan*« (Lukasevangelium Kap 1, V. 48f, Luther 1912). Als Magd bezeichnet sie sich, als Dienerin Gottes. Und lobt Gott dafür, dass er ihr Leben aus den Angeln gehoben hat. Dass er ihr alles genommen hat, was sie kannte, und etwas gegeben hat, was sie nicht verstand.

Die Maria, die wir kennen, wirkt gottergeben – auf den Bildern und in der Lehre der treuen und frommen Muttergottes. Sie wirkt auch ein wenig brav und bieder. Dabei muss sie doch wahnsinnige Angst gehabt haben damals! Sie muss doch um ihr Leben gefürchtet haben! Um das Leben, das sie kannte.

Nein, ich glaube nicht, dass Maria sich über ihre Wahl zur »Mutter Gottes« gefreut hat. Sie hat es nicht als Auszeichnung erlebt. »Fürchte dich nicht«, hat der Engel zu ihr gesagt. »Denn du hast Gnade vor Gott gefunden. Gott will Gutes für dich.« Irgendetwas hat sie dazu gebracht, ihm das zu glauben. Und sie hat ihm nicht nur geglaubt. Sie hat Mut gefasst. Anderen Mut als vorher. Lebensmut. Vielleicht hat sie es nach und nach dann zwar nicht als Auszeichnung, sondern als Auftrag gesehen, dass sie ein Kind unter dem Herzen trägt. Sie hat Gott gelobt, ihn beschworen: »Du sollst die Gewaltigen vom Thron stoßen. Und die Niedrigen erheben. Die Hungrigen sollst du mit Gütern füllen und die Reichen leer ausgehen lassen. So wie du es mit mir getan hast. Mich hast du erfüllt. Mit Leben und Liebe. Mit unverhoffter Hoffnung.« Maria hat dem Engel sein »Fürchte dich nicht!« geglaubt. Es hat sie getragen durch all die Jahre.

Ich weiß nicht, ob zu Sunny damals jemand »Fürchte dich nicht!« gesagt hat. Vielleicht war es eher so was wie: »Wir kriegen das schon irgendwie hin.« Das ist aber genauso gut. »Fürchte dich nicht.« Vielleicht sind das Worte, die jedem Menschen guttun, der ein Kind erwartet. Frauen und Männern. Müttern und Vätern. Wenn Politiker und Zeitungen über den §219a diskutieren, dann vergessen sie manchmal, dass es wichtig ist, das zu sagen: »Fürchte dich nicht.« Dass Menschen Beistand bei ihren Entscheidungen brauchen. Egal, welche sie dann treffen. Weil man Mut braucht, um weiterleben zu können, egal wie.

Das Haus, in dem Sunny und ich aufgewachsen sind, gibt es immer noch. Die Fassade wurde renoviert, das Treppenhaus auch. Der Sandkasten ist ebenfalls noch da. Ich mag Häuser mit mehreren Wohnungen darin. Man hört Frauen Arien singen und trifft Leute im Treppenhaus. Es riecht nach Zwiebeln und manchmal gibt es Waffeln. Für alle. Am Sandkasten.

Ich mag die Mehrfamilienhäuser auch fast ein bisschen lieber als die ordentlichen Reihenhäuser mit doppelten Zäunen und Porzellanschildern über den Briefkästen. Vielleicht, weil man den Mehrfamilienhäusern schon ansieht, dass darin gelacht und gestritten wird und nicht alles Gold ist. Vielleicht mag ich sie auch, weil sie mich an Sunny erinnern. Und an das »Fürchte dich nicht!« des Engels.

Nicht-zu-tun-Liste

○ Nicht die Bluse bügeln. Lieber einen warmen Kuschelpulli anziehen. Oder eine Strickjacke über die zerknitterten Ärmel.

○ Nicht auf das Telefonat mit der besten Freundin verzichten, die gerade genauso viel zu tun hat.

○ Nicht mit den Kindern schimpfen, dass zu viele Plätzchen ungesund sind. Lieber mitnaschen. Am besten auf dem Sofa. Krümel runterfegen und Hund/Katze/Baby aufsammeln lassen.

○ Nicht laut werden. Lieber Spazierengehen.

○ Nicht entschuldigen für Deine Anspannung. Das ist normal. Und den anderen geht es auch so.

○ Nicht nur das Eigene sehen. Auf den Boden legen und die Perspektive wechseln.

Unverdient

Aller Anfang ist schwer. Der Anfang einer ernst gemeinten Entschuldigung. Der Anfang einer Reise mit zu viel Gepäck. Der erste Schritt nach einer Niederlage. Aller Anfang ist schwer. Das dachte sich auch Johannes Haushofer. Eine Freundin hatte ihm von ihrer letzten Bewerbung erzählt. Abgelehnt. Schon wieder. Nicht das erste und wahrscheinlich auch nicht das letzte Mal. Johannes Haushofer wollte sie trösten, ihr Mut machen für einen neuen Anfang. Ihr sagen, dass er wusste, wie sie sich fühlte. Er war inzwischen ein ziemlich erfolgreicher Wissenschaftler geworden, aber auch er kannte das Gefühl, abgelehnt zu werden, ziemlich gut.

Also schickt er seiner Freundin seinen eigenen Lebenslauf. Aber einen ehrlichen. Einen, in dem all das drinstand, was schiefgegangen war in den letzten Jahren. Er listete auf, welche Forschungsprojekte ins Leere gelaufen waren und welche Stellen er nicht bekommen hatte. All das, was er sonst verschwieg, schrieb er detailliert auf.

Schließlich schickte er diesen Lebenslauf nicht nur an seine Freundin. Er stellte ihn online. Und die Resonanz war unvorstellbar groß. Weil es auf eine krude Art und Weise entlastend ist, wenn andere scheitern. Weil es das eigene Scheitern verständlicher, ja, leichter macht. Ich glaube, nicht aus Schadenfreude. Nicht, weil wir anderen ihr Glück nicht gönnen. Sondern weil wir merken: Anderen geht es auch nicht anders als uns. Auch sie scheitern, auch bei ihnen läuft nicht immer alles glatt. Johannes Haushofer beginnt seinen ehrlichen Lebenslauf mit dem Satz:»Das meiste, was ich versuche, gelingt mir nicht. Aber diese Rückschläge sind meistens unsichtbar, während meine Erfolge sichtbar sind.«

Ich langweile Dich jetzt nicht mit der Liste meiner Misserfolge, wahrscheinlich schwirren Dir gerade nämlich Deine eigenen Szenen des Scheiterns im Kopf herum. Und da wird so einiges dabei sein: der gute Vorsatz, endlich das Auto zu putzen, und zwar noch vor dem Winter – gescheitert. Der Versuch, einen Herrnhuter Stern zu basteln, ohne sich dabei mit dem Ehemann völlig in die Haare zu kriegen – gescheitert. Der Versuch, dem Menschen, den Du liebst und den Du so sehr verletzt hast, gegenüberzutreten und zu sagen:»Lass uns noch mal neu anfangen.« – unversucht geblieben. Gescheitert? Der Versuch, eine eigene Familie zu gründen, ein Kind zu bekommen. Es klappt nicht. Zum wiederholten Mal: nicht schwanger. Ist das auch scheitern? Ist alles, was in unserem Leben nicht gelingt, ist das, was einfach nicht gut werden will, wirklich ein Scheitern?

Es ist nicht so leicht mit der Unterscheidung zwischen Scheitern und Nicht-Gelingen und Anders-Werden. Beim Scheitern, da haben wir etwas versucht, ausprobiert. Wir haben uns reingehängt, alles gegeben – und es ist misslungen. Woran es lag? Manchmal weiß man es nicht so genau. Aber meistens schon: zu spät angefangen, nicht gut genug vorbereitet, nicht gut qualifiziert, andere hatten bessere Voraussetzungen, das Ziel war zu hochgesteckt. Anders ist es, wenn etwas nicht so kommt, wie wir es uns von Herzen erhofft haben. Auch hier weißt Du selbst wieder am besten, wann das bei Dir das letzte Mal so war. Vielleicht bist Du schon mal mit dem Leben an eine Grenze gestoßen. Du hast es Dir anders gewünscht. Und musstest es trotzdem so nehmen, wie es kam. Unverfügbar ist es manchmal, das Leben. Es gibt Bereiche, da können wir uns noch so sehr anstrengen, es ist aber nicht unser Verdienst, dass es gelingt oder eben nicht.

Mit dem Glück ist es zum Beispiel so. Wir können uns für Gerechtigkeit einsetzen und für unsere nächste Beförderung. Wir können alles tun, was in unserer Macht steht, um unseren Kindern eine gesunde, eine gute Zukunft zu ermöglichen. Aber ob ihr Leben deswegen gelingt? Ob sie glücklich werden? Das haben wir nicht in der Hand. Wir haben einen Rechtsanspruch auf einen Krippenplatz und auf einen fairen Lohn – aber auf das Glück haben wir keinen Rechtsanspruch. Glück lässt sich nicht einklagen.

Ganz ähnlich ist es mit der Liebe. Sie lässt sich auch nicht einklagen. Weil wir jemanden nicht für das lieben, was er kann und schafft. Weil wir jemanden nicht für das lieben, was ihm gelingt. Und weil wir selbst die Liebe dann am meisten spüren, wenn wir sie am wenigsten erwartet hätten, sie unverhofft da ist. Wenn die eigenen Stärken und das eigene Können und Schaffen schon längst unter einem riesigen Berg aus Misserfolgen, Rückschlägen und Verlustanzeigen begraben ist. Wenn alles Versuchen und Machen und Anstrengen ins Leere gelaufen ist. Die Liebe und das Glück, darin sind sie sich sehr ähnlich. Geschenkt. Unverdient. Denn angestrengt hat man sich dafür nicht. Unerwartet. Denn die eigenen Gedanken gingen eigentlich ganz woanders hin. Unverhofft. Weil man sich zu hoffen nicht getraut hat. Und manchmal ganz anders verpackt, als man gedacht hat.

Vielen sagen, Weihnachten sei das Fest der Liebe. Ich glaube, das stimmt nur halb. Es ist das Fest der geschenkten Liebe – von Gott geschenkt. Aus Gnade. Nicht, weil ich so ein gutes Leben geführt hätte im letzten Jahr. Nicht, weil ich so viel gebetet, gearbeitet und verziehen hätte. Nein, allein aus Gnade. Unverfügbar, wie die Liebe eben ist. Unverdient, wie das Glück uns widerfährt. Unverhofft, weil man sich zu hoffen nicht getraut hätte:»Und sie gebar ihren ersten Sohn und wickelte ihn in Windeln und legte ihn in eine Krippe, denn sie hatten sonst keinen Raum in der Herberge.«

Das Geschenk der Liebe und des Glücks. Das Geschenk des Lebens. Weil das Glück unverdient ist und die Liebe ein Geschenk. Geschenkt wird sie uns, wenn die eigene Kosten-Nutzen-Rechnung ein Minus ergibt –»denn sie hatten sonst keinen Raum in der Herberge«.

Die Liebe Gottes ist nicht das Ergebnis eines langen Lebenslaufs voller richtiger Entscheidungen oder einer komplizierten Rechnung von oft geteilt, nie etwas abgezogen, dreimal richtig gehandelt und immer ein Plus auf dem Moralkonto. So denken wir vielleicht selbst über uns und schauen wir auf unser Leben. Mit ziemlich scharfem Blick auf das, was wir können und verdienen. Aber das ist nicht der Blick, den Gott auf uns richtet. Er löst diese Rechnung auf. Er löst unseren eigenen Anspruch ab. Er löst unsere Augen vom Blick auf unser Können und Wert-Sein. Er er-löst uns. Das ist das Geschenk, das ist der Grund, warum wir heute von einer Heiligen Nacht sprechen, in der sich Gott uns schenkt in einer Gestalt, die so unverdient, so unverfügbar ist wie die Geburt eines Kindes. Weil seine Liebe uns aus Gnade widerfährt, ohne unser Verdienst. Sie ist so, wie wir sie heute sehen, in der Heiligen Nacht: Unverhofft. Unverdient. Ein Wunder. Ein Kind. Geschenkt.

Geschenkpapier-Meditation

🖎 *Du brauchst: Eine Schere, Kleber, einen Stift, Geschenkpapier.*

🖎 *Hol das ganze Geschenkpapier aus dem Altpapier.*
Ja, alles.

🖎 *Streiche jede Verpackung einzeln glatt und lege*
das Papier in einem Kreis um Dich herum.

🖎 *Schau mal: Sind da noch Klebstreifenreste?*
Kannst Du die Sterne darauf zählen?
Oder die Schneeflocken?

🖎 *Welches Geschenk hat Dein Herz gestern berührt?*

🖎 *Gab es auch eines, das Dich verletzt hat?*
Manchmal gibt es das.

🖎 *Schneide aus jedem Geschenkpapier einen Streifen aus und*
klebe auf einem weißen Blatt daraus eine Krippe. Oder ein
Schiff. Oder eine Tasse.

🖎 *Schreibe in das Geklebte, was Du geschenkt bekommen hast.*
Liebe? Vertrauen? Bücher? Socken?

🖎 *Wenn Du magst, mach ein Foto und stell es in Deinen Whats-*
App-Status, schick es Deinem Sohn oder zeig es auf Facebook.
Oder lass es einfach sein.

Pläne machen, Teil 1

1. JANUAR, NEUJAHR
(Weil da alle Pläne machen)

»Dann wünsche ich Ihnen, dass Sie Ihre Prioritäten richtig setzen können!« Es sollte wahrscheinlich ein gut gemeinter Abschiedssatz sein, den der Kollege mir damals mit auf den Weg gab. Naja, manchmal ist das Gegenteil von gut nur gut gemeint. Ich habe zumindest innerlich gestutzt. Der Satz kam mir altväterlich vor (das sagte man früher zu *mansplaining*). Heißt das, er wünscht mir die richtigen Prioritäten? Und wenn ja: Für wen? Für mich? Für die anderen?

Vielleicht bin ich dem Satz gegenüber auch so empfindlich, weil er mich an die Stelle in der Bibel erinnert, die ich am wenigsten mag. Oder noch ehrlicher: Ich finde sie furchtbar. (Guter Cliffhanger, oder?!)

»Alles hat seine Zeit. Lachen hat seine Zeit, Weinen hat seine Zeit.« Und so weiter. Sie kennen das wahrscheinlich. Es gibt auch ein Lied darüber, das mag ich genauso wenig. Viele Menschen finden diese Sätze entlastend. Weil sie ausdrücken, dass alles vorbeigeht, dass es für alles den richtigen Zeitpunkt gibt. Aber da ist es wieder: Die richtige Zeit! Die richtige Priorität! Woher weiß ich denn, ob jetzt Trauern dran ist oder Tränenabwischen? Ob Ausruhen oder endlich Aufstehen? Ob Anfangen oder Aufhören? Was ist dran? Wo ist meine Priorität?

In den verschiedenen Bereichen des Coachings und der Selbst-optimierung geht es oft um Prioritäten. »Was ist Ihnen wichtig? Was wollen Sie umsetzen? Wo sehen Sie sich in fünf Jahren? Vielleicht habe ich ja gar keine Prioritäten. Zumindest keine, die ich jetzt auf dem Papier festlegen könnte. Wer weiß, was in fünf Minuten ist? Jetzt grade will ich diesen Text schreiben. Ich nehme dabei in Kauf, dass meine Töchter hinter mir gerade die Wohnung auseinandernehmen. Heißt das, meine Arbeit ist mir wichtiger als meine Kinder? Nein. Den Schulgottesdienst muss der Kollege übernehmen, weil ich gerne zur U9 beim Kinderarzt mitgehen möchte. Heißt das, ich drücke mich vor der Arbeit? Nein.

Ja, ok, vielleicht hat alles seine Zeit. Aber ich mag es klein-schrittiger. Nicht in Wochen und Jahren. Eher so minuten- und tageweise. Haben Sie schon mal unter Tränen gelacht? Trotz der Traurigkeit? Haben Sie schon mal geweint vor Glück? Weil das Glück so zerbrechlich ist? Es gibt so viele Gleichzeitigkeiten. Äußere Nähe und innere Distanz. Loslassen und deshalb Festhalten-Können. Da gibt es keine Prioritäten, finde ich.

Ich habe keinen Verlaufsplan für mein Leben. Ich glaube, Gott auch nicht. Sie hat eine ziemlich gleichzeitige Art, glaub ich. Brennender Dornbusch, aber verbrennt nicht. Gestorben und auferstanden. Zum Himmel gefahren und in meiner tiefsten Hölle. Gott liebt mein Lachen und meine Tränen. Er träumt mich stark und strahlend vor Glück und zitternd und beschämt und verloren.

Wer drei zugleich ist, kommt mit meinen Gleichzeitigkeiten wunderbar zurecht. Sie legt mich nicht fest. Nicht auf meine Prioritäten und nicht auf einen Fünf-Jahres-Plan. Gott sei Dank.

Elsa

AUFERSTEHUNG IM WINTER

»Ich lass los, lass jetzt los. Ich bin frei, endlich frei. Und fühl'
mich wie neu geboren. Was war, ist jetzt vorbei. Hier bin ich,
in dem hellen Licht.« Das singt die Eiskönigin Elsa im Disney-
Film *Frozen*. Und nicht nur meine Töchter sind große Fans,
sondern ich eigentlich auch.

Jahrelang musste Elsa ihre magischen Kräfte für sich be-
halten, sie trug Handschuhe, schloss sich in ihrem Zimmer ein.
So viel Kälte ist in ihr, und die kann gefährlich werden für an-
dere. Also bleibt sie für sich, um niemandem wehzutun. Aber
eines Tages bricht es aus ihr heraus. Sie bricht aus. Sie schafft
Neues, Schönes, Wunderbares, eine glitzernde Eiswelt. Die
Angst hält sie nicht mehr klein. Und sie selbst ist endlich frei.
Dann steht sie da, im hellen Licht.

Ich will auch frei sein. Ich will auch das hinter mir lassen,
was mich schwer macht. Ich will auch laut singen und eine
neue Welt erschaffen. Aber ich bin keine Eisprinzessin. Das
Leben ist kein Disneyfilm und Ponyhof und wer Visionen hat,
der sollte zum Arzt gehen. Aber wenn das so ist, dann ist die
Bibel auch wie ein Disneyfilm. Da können Menschen wieder sehen, obwohl sie blind waren. Können gehen, auch wenn man sie
vorher tragen musste. Menschen fangen neu an, weil es einen
gibt, der ihnen eine neue Chance gibt. Und ja, ich gebe zu, ich
glaube das: Ich glaube, dass ich neu anfangen kann, auch wenn
mir das niemand zutraut. Ich glaube, dass meine Sehnsucht

nach dem Leben nicht sinnlos ist. Ich glaube, dass ich die Angst hinter mir lassen kann. Weil sie nicht stärker ist als das Leben. Ich habe die Hoffnung, dass die Angst irgendwann nicht mehr über uns herrscht, sondern dass wir frei sein können von ihr. So wie Elsa, vielleicht.

Geschenkt

6. JANUAR, EPIPHANIAS, HEILIGE DREI KÖNIGE

Oh, dieses Glücksgefühl als Kind, wenn das ersehnteste Geschenk überhaupt tatsächlich auf dem Tisch stand! Nur Du wusstest, warum es genau das sein musste. Und dann war es wirklich da. Aber nichts schlimmer, als dass es – ganz knapp daneben – nicht das Richtige war. Eine Nuance nur, die falsche Firma, die falsche Farbe ... Ich finde, das hat nichts mit »verwöhnt« zu tun, aber viel mit dem Sehnen, Wünschen und Hoffen, das unser Leben so tief werden lässt.

Als Kind kann man das: Wünsche zu Gestalten und Formen werden lassen: Puppen, Murmelbahnen, rot lackierte Autos, Schnitzmesser ... Hinter den Geschenken verbergen sich die Welten, in denen man leben möchte: Abenteuer, Zauberwelten, Waldhütten, hüfthohes Gras, enge Straßen, auf denen man selbst endlich am Steuer sitzt. Materielle Wünsche werden manchmal als oberflächlich missachtet, vielleicht noch nicht bei Kindern, aber später dann, zum Beispiel von Menschen, für die alles, was mit Konsum zu tun hat, erst einmal etwas Billiges, Oberflächliches ist. Etwas für Menschen, die nicht in der Lage sind, das Wahre, Schöne und Gute in der Natur zu sehen, in klassischer Musik oder in Freundschaften.

Geschenke, materielle Wünsche insbesondere, haben einen schlechten Ruf. Konsumkritik ist ein sicheres Mittel, um auf der richtigen Seite der kritischen Intellektuellen zu stehen, und

Geschenke, die nicht in Weckgläsern stecken, selbstgemacht, nützlich oder sonst wie moralisch vertretbar sind, haben da nichts zu suchen. Dabei geht es doch bei Geschenken gerade nicht darum, dass sie nützlich sein müssen. Es sind Geschenke! Sie reichen über das hinaus, was wir zum Leben brauchen. Sie sollen uns das Gefühl geben, dass unser Glas bis ganz zum Rand eingeschenkt wird. Vielleicht nur heute, aber heute eben mit dem guten Wein.

Geschenke sind auch nicht dazu da, die moralische Überlegenheit des Schenkenden herauszustellen. Sie sind für Dich. Schön für Dich. Luxus für Dich. Nicht nützlich, aber von Nutzen vielleicht? Jesus bekommt Weihnachtsgeschenke am Feiertag der Heiligen Drei Könige. Solche, die ich auch gern hätte. Sie duften, glänzen, heilen: Weihrauch, Myrrhe, Gold. Mir gefällt die Idee, dass zum Geburtstag drei Menschen zu Besuch kommen, die edle und irgendwie unnötige Geschenke mitbringen, königsgleiche. So wie für einen Menschen, der schon alles zu haben scheint. Dem man nichts schenken muss, was er braucht oder was er sich selbst kaufen könnte. Ein Baby braucht kein Gold, keinen Weihrauch, keine Myrrhe, auch das Jesus-Baby nicht. Aber die, die schenken, wollen das Beste geben, was sie haben. Ihren Glanz. Etwas, das in den Himmel steigt. Das Heile und Heiligste von sich. Sie schenken mit Sehnen im Herzen. In der Hoffnung, dass ihre Geschenke das Leben in seiner Schönheit zeigen.

Das tiefste Geschenk für mich, was wäre das? Wenn ich mir etwas wünschen könnte, sollte es denn glänzen? Oder in den Himmel steigen? Oder mich heilen? Ja, all das. Ein Geschenk fügt mir selbst etwas hinzu, das irgendwie schon da ist, ganz leise und so zart, dass ich es selbst kaum sehen kann. Es wächst in mir, ich sehe es nur nicht. Ich wünsche mir, dass mein Leben an dieser einen Stelle heller wird. An der anderen etwas tiefer. Die Geschenke, die ich mir vom Leben wünsche, vergolden, beweihräuchern, vertreiben Mürre und Sorge mit ihrer von der Notwendigkeit unbeeindruckten Leichtigkeit.

Bekomme ich natürlich nicht alles zum Geburtstag. Auch nicht zu Weihnachten. Aber ich bleibe dabei: Meine liebsten Geschenke sind genau so: goldene Ohrringe; schnödes Geld, weil ich es brauche und es eine meiner Sorgen in Luft aufsteigen lässt. Und ein gelesenes Buch. Oder zwei. Weil es mich heilt, Geschichten zu lesen.

Ich wünsche mir drei heilige Könige zum Geburtstag, jedes Jahr wieder. Ich stehe zu meinem tiefen Wunsch ans Leben, dass es glänzen soll, mich heil werden lässt und mir die Schwere nimmt. Ich finde, es steht uns zu, Wünsche zu haben. Geburtstagswünsche und Lebenswünsche. Wir haben vielleicht kein Recht auf Glück und Sorglosigkeit. Aber das Leben verheißt uns so viel Schönes, Gutes und Wahres – was sonst soll uns die Liebe sagen? Das Meer, Küsse, Erdbeerkuchen, Pfingstrosen, Zimtsterne, funktionierende Staubsauger, Sonnencreme? Wenn ich all das geschenkt bekomme vom Leben (okay, den Staubsauger muss ich kaufen, aber dass es ihn überhaupt gibt, ist ja wohl schon ein Geschenk!)? Ich will noch mehr Geschenke vom Leben und ich liebe jedes einzelne, das mich vergoldet, beweihräuchert auf die gute Art, die, die zum Himmel steigt. Und meine Mürre zu Boden sinken lässt.

Epiphanias, Heilige Drei Könige

Wenn Gott Dir etwas schenken wollte, gleich jetzt,
was würdest Du Dir wünschen?

Über alles aber ziehet an die Liebe

14. FEBRUAR, VALENTINSTAG

Es ist ein gutes Gefühl, sich festhalten zu können. An einer Hand. An einem Lächeln. Manchmal auch nur an einem Gedanken. Das Herz wirft einen Anker und sofort bist Du weniger allein. Kommen wir eigentlich auf die Welt als Allein-Menschen? Als Einzelne? Weil wir manchmal denken, wir müssten doch auch allein zurechtkommen, allein alles schaffen, allein dieses Leben bestehen. Dabei sind wir von Anfang an verbunden. Durch die Nabelschnur, und dann auch getragen, gestillt, gepflegt. Sind hilflos allein. Wir wären nicht lebensfähig ohne Menschen, die sich kümmern. Die sich mit uns verbunden fühlen.

Mama, Papa. Zwei Papas, zwei Mamas. Omas, Opas. Freunde und Freundinnen. Ein Netz aus Liebe, das hält und trägt und nährt. Am Leben hält. Wir müssen nicht allein leben können. Wir dürfen, wenn wir wollen: allein essen, verreisen, leben. Aber wir müssen nicht dem Druck erliegen, alles allein schaffen zu müssen, um stark zu sein. Wir brauchen die Bänder, die Netze, die verschränkten Hände. Umarmungen wie einen sicheren Hafen, endlich, endlich hältst Du mich.

»Über alles aber ziehet an die Liebe, die da ist das Band der Vollkommenheit« (Brief an die Kolosser, Kap. 3, V. 14, Luther 1912). Die Liebe braucht ein Gegenüber.

Gott hat ein Gegenüber in Dir.
Du hast eines in Gott.

Du hast auch eines in Dir selbst:
Ein liebendes Wort für Dich selbst,
wo Du Dich mit Dir verbunden weißt.

Wo Du Dich annimmst,
ohne Dich verbessern zu wollen in jeder Sekunde.

Du hast eines in den Menschen, die Du brauchst.

Ja, brauchst.

Auch das ist kein Zeichen von Bedürftigkeit.

Sondern ein Zeichen dafür, wie sehr Du ein Mensch bist.

Du bist verbunden.

Zieh an das Band, das Dich trägt.

Trau der Liebe zu, Dich tragen zu können.

Gott gibt uns Unmengen an Bändern der Liebe.

In allen Regenbogenfarben.

Wir können sie tragen, knüpfen, strammziehen, lockerlassen.

Zieh an das Band Deiner Liebe.

Denn Du bist vollkommen.

Amen.

(I can buy myself) Flowers
MILEY CYRUS

LIEBESKNOTEN

✍ Du brauchst dazu eine Schnur oder mehrere Schnüre, Bänder oder Fäden und einen liebsten Gegenstand.

✍ Setze Dich an einen Lieblingsort. Nimm Deinen Faden auf und denke an alle Liebe, die Dir jemals geschenkt wurde: das Lächeln einer Fremden; der Tanz im Regen; die Hand, die sich Dir entgegenstreckte; das ehrliche »Wie geht es dir?«; der Kuss in der Nacht. Knote fünf Minuten lang für jede kleine und große Liebe Deines Lebens einen Knoten in Dein Band. Knüpfe und knote, fest oder lose, und lass die Erinnerungen dabei durch Deine Hände gehen. Nimm dann Deinen liebsten Gegenstand und lege Dein Knotenband um ihn herum wie all die Liebe um Dein Herz. Schau auf die Liebe und atme. Wenn du magst, sage Danke und schließe mit »Amen«.

Über die Liebe in allen Zeiten

IM UNSAGBAREN GLÜCK

Es gibt Orte, an denen kann man gut über Liebe sprechen. Im Bett zum Beispiel. Außer vielleicht gleich nach der ersten Nacht. Da besser noch nicht. Aber sonst schon, sehr gut sogar. Es ist warm und weich und der andere ist so nah.

Auch beim Zwiebelschneiden ist es möglich. Da spricht man vielleicht am besten über das, was grade nicht gut ist in der Liebe. Weil man ja sowieso weint.

In WhatsApp-Chats kann man ebenfalls sehr gut über Liebe reden, zumindest Freundinnen können das.

Ein wunderbarer Ort für ein Gespräch über Liebe sind auch Beerdigungen. Eigentlich muss man da fast gar nichts sagen, denn sie ist schon so sehr da. In den Gesichtern der Menschen, die gekommen sind: die Nachbarin, die jede Woche zum Kaffee kam. Der Enkel, der sie so geliebt hat, auch wenn er nicht jede Woche angerufen hat. Die Liebe ist da, immer. Ich trage sie nicht zu Grabe, sie bleibt in der Luft, auch wenn ich schon lange den Talar ausgezogen habe.

Der einzige Ort, an dem ich es sehr schwierig finde, über Liebe zu reden, sind Hochzeiten. Und dummerweise muss ich genau da eine Traupredigt halten. Die Liebe bereden, feiern. Die große Liebe am besten, denn sie soll ja für immer halten. Dabei würde ich genau hier am liebsten schweigen. Oder nur Fotos ansehen: vom ersten Eis zu zweit, von der letzten großen Krise und den zerbrochenen Träumen danach, vom Guten-Morgen-Kuss. So sehr die Liebe überall ist – bei einer Hochzeit ist sie am zerbrechlichsten. Weil wir sie da so sehr brauchen und feiern. Dabei lässt sich die Liebe doch nicht in einen Ring pressen oder in ein Eheversprechen. Dass sie trotzdem da ist und bleibt, das ist für mich ein Wunder. Das größte überhaupt: dass die Liebe manchmal bleibt.

Zwischen Katharina und Markus.

Zwischen Johanna und Stefanie.

Zwischen Ehepartnern, Patchworkfamilien, Freund*innen.

Zwischen der alten Frau und dem jungen Mann vom Pflegedienst, der irgendwann auch nach Feierabend kommt und sich mit ihr vor den Fernseher setzt.

Dass die Liebe bleibt, das ist das große Wunder. Dass sie keinen Ring braucht und kein Treueversprechen. Sie ist so ein Glück, ich kann darüber nicht schweigen, auch wenn es manchmal besser wäre.

Dir gehört mein Herz
GREGOR MEYLE

Dein Leben wäre einfacher, wenn Du sie nicht gekannt hättest. Es wäre weniger schmerzhaft und weniger riskant. Der Moment, in dem Du loslassen musstest. Die Erkenntnis, dass es nicht wieder gut wird. Es gibt vielleicht nichts Schlimmeres, als Abschied von der Liebe nehmen zu müssen. Weil der andere anders fühlt. Weil Du etwas anderes gesucht hast. Weil das Glück schon viel zu lange ausbleibt. Nicht nur in Liebesbeziehungen gibt es das. In Familien, zwischen Kindern und Eltern ist es ganz genauso – der Schmerz, wenn die Liebe irgendwie das Leben nicht mehr aushält. Weil die Eltern ihr Kind nicht mehr verstehen können und da so viel Abstand ist, dass irgendwann etwas fehlt. Weil die Verletzung so groß ist über das, was gesagt oder getan wurde. Wir sind so verletzlich, wenn wir lieben. Zeigen unser offenes Herz, zeigen, was wir brauchen. Irgendwie gehen wir ja auch so durchs Leben: verletzlich, liebend. Daher können uns Menschen wehtun. Würden wir das nicht tun, es wäre einfacher. Aber gleichzeitig würden wir dann wie hinter einer Plexiglasscheibe leben. Nichts spüren, nur zuschauen können. Das Leben wäre ein anderes. Ich möchte es nicht erleben.

Someone like you
VAN MORRISON

IN GOTTES LIEBE

Man sagt, Gott sei die Liebe. Man sagt, er sei in Liebe in diese Welt gekommen. Um Wunden zu heilen und damit Menschen wieder sehen können. Ich will das so sehr glauben. Aber warum kann er damit eigentlich nicht die Welt verändern? Alles gutmachen?

Ach ja, das tut sie doch, die Liebe. Aber eben so, wie es Liebe kann. Sie kann viel und doch nicht alles. Manchmal kann sie fast so was wie von den Toten auferwecken. Aber sie kann nicht verhindern, dass wir loslassen müssen. Gott ist die Liebe, doch, ich glaube es. Weil Gott damit auch Wahrheit ist und Mut, manchmal selbst dann, wenn das der schwerste Weg ist. Liebe überwindet die Angst und sucht das Leben, immer.

Gottes Ja zu einer Ehe heißt nicht, dass diese nicht scheitern könnte. Ich habe vor inzwischen vielen Jahren in einer kleinen Kirche versprochen, zu lieben. Für immer. Ich habe Ja gesagt und es auch so gemeint. Mit klopfendem Herzen, Angst, aber auch der Zuversicht, dass Gottes Ja meines mittragen kann. »Ja, mit Gottes Hilfe.« Sein Segen zu unserem Wollen. Ich glaube, es liegt nicht daran, dass sein Segen zu schwach war, dass diese Ehe nicht gehalten hat. Es lag an mir. An meinem Wollen, an meinen Gefühlen. Gottes Segen trägt uns da, wo wir gehen. Wenn wir stehen bleiben, bleibt auch er stehen. Spürt unsere Zweifel, die Machtlosigkeit und unsere Angst.

Deshalb ist meine Kraft heute in Gott zu Hause. Gottes Liebe lässt mich lieben. Nicht, weil ich das allein nicht könnte. Sondern weil mich dieser Gedanke darin bestärkt, dass die Liebe die richtige Entscheidung ist. Immer. Dass es gut ist, zu lieben. Immer. Dass es nicht anders geht. Ich kann nicht ohne sie. Wir können nicht ohne sie. Sie trägt uns. Auf Wolke sieben. In Gottes Nähe. Und weit unten auf dem Grund unseres Herzens.

Das große Glück und der große Schmerz

FASTENZEIT

Ich habe mir schon mal am Glück den Kopf gestoßen. Das große Glück gespürt, und dann tat es weh, sehr weh. Oder vielleicht war es eher so, wie wenn man sich den Zeh an etwas sehr Hartem stößt, ein kaltes, metallisches Stuhlbein oder so etwas. Ein ziehender, dringender Schmerz, der etwas hat von »Du hättest es wissen können!«. Er vergeht schnell wieder. Es bleiben keine Wunden, auch wenn es sich in diesem Moment so anfühlt.

Grundsätzlich stimmt es schon, dass zum Glück der Schmerz gehört. Aber eben nicht so wie beim Zeh, sondern vielleicht eher wie bei einer Brandwunde. Ein überraschter, heftiger Schmerz, der entsteht, weil man sich ein bisschen zu viel zugetraut hat mit dem Leben. Oder auch zu wenig, je nachdem. Der Schmerz bleibt eine ganze Weile. Man kann Wasser darüber laufen lassen, das gibt einem das Gefühl, etwas zu tun. Wenn ein paar Tage oder Wochen vergangen sind, wird der Schmerz nicht mehr da sein, aber man sieht ihn noch an dieser braun-rötlichen Narbe auf dem Arm.

So einen Schmerz beinhaltet das große Glück, glaube ich. Es umarmt ihn. Es weiß um die Dinge, die es gekostet hat und die wehgetan haben. Das Glück simmert leise, das steht in den Kochbüchern, wenn das Wasser nicht sprudelnd kocht und die Semmelknödel nicht zerfallen sollen. Es simmert also und Du weißt genau, dass es da ist. Solltest Du es einmal für kurze Zeit vergessen, kannst Du auf die Narbe schauen. Denn die bleibt ja. Genauso wie die Erinnerungen an leises Glück im Herzen bleiben, bleiben auch unsere Erinnerungen an den Schmerz. Das ist ganz gut so, denn meistens verändert sich unser Blick auf das, was uns wehtut im Leben, im Lauf der Zeit. Jedes Mal, wenn wir hinfühlen, fühlt es sich ein bisschen anders an. Manches heilt weiter, manche Wunde wird wieder aufgerissen. Manchmal kratzen wir so lange, bis es blutet.

Im Kirchenjahr hat der Blick auf den Schmerz, das Hineinfühlen in alte und neue Wunden eine eigene Zeit, die Passionszeit. Sie beginnt sieben Wochen vor Ostern und endet in der Osternacht mit dem ersten Lichtstrahl. Eine geschützte Zeit für den Schmerz. Für das Scheitern. Sieben Wochen Zeit, in der nichts sofort gutwerden muss. Oder man etwas lernt. Denn es wird eben nicht aus jedem Scheitern etwas Gutes. Nicht aus jeder Krise geht man ach so gestärkt hervor. Nicht jede Krise ist eine Chance. Diese ganzen Sprüche – ich kann sie nicht mehr hören. Nein. Einfach nein. Wir müssen nicht in jedem Rückschlag das Gute sehen. Ich finde, das ist eine Lüge. Und noch dazu eine, die einen wahnsinnig unter Druck setzt. Aus einem Warum wird kein Wozu. Manchmal fällt man eben hin und es reißt einem die Krone vom Kopf. Weil man sich beim Hinfallen nämlich die Knie aufgeschlagen hat. Und nein, man muss nicht tapfer wieder aufstehen, sich selbst die Knie pusten und die Krone aufsetzen. Man kann auch einfach sitzen bleiben und eine Stunde heulen. Oder länger. Viel länger.

Sieben Wochen Zeit, um sitzen zu bleiben. Das heißt nicht, dass Dinge nicht irgendwann wieder gutwerden können. Aber sie werden gut, weil etwas heilt. Oder etwas Neues anfängt. Das Schlimme passiert nicht, damit wir daraus etwas lernen.

Wir sollen nicht demütig werden und Gott will uns damit nicht erziehen. An so einen Gott glaube ich nicht. Ich glaub an einen Gott, der sich neben mir in den Dreck setzt. Der so lange wartet, bis ich keine Tränen mehr habe – und es sind viele. Er sammelt sie in seinem Krug, heißt es in der Bibel. Gott sammelt meine Tränen in einem Krug, mindestens sieben Wochen lang. In sieben Wochen kann viel passieren. Mit den Schmerzen im Zeh, von denen man dachte, sie würden länger wehtun. Und mit denen, die dann tatsächlich die Narben verursacht haben. Sieben Wochen für den Schmerz und eigentlich auch sieben Wochen für das Glück.

Es war nicht gelogen

Rot, Gelb, Grün – für mich sind das nicht die Ampelfarben. Für mich sind das, seit ich denken kann, die Farben der Spielfiguren beim »Mensch, ärgere Dich nicht« mit meinen Eltern. Papa hat Grün, Mama Gelb und ich Rot. Das letzte gemeinsame Spiel ist ungefähr 25 Jahre her. Ich glaube, ich werde das nie vergessen. Die drei gehören zusammen.

Als ich zehn war, haben sich meine Eltern getrennt. Ich könnte jetzt eine etwas melodramatische Geschichte davon erzählen, dass danach die grüne Spielfigur immer in der Kiste blieb und nur noch Rot und Gelb gespielt haben. Oder davon, dass wir generell weniger gespielt haben danach. Aber meine Erinnerung ist nicht traurig und melodramatisch, sondern gibt mir Sicherheit. Es gab einmal ein Rot, Grün, Gelb. Die drei haben eine ganze Zeit lang zusammengespielt. Es gab Urlaube mit dem Wohnwagen und in einer Ferienwohnung mit einem runden Swimmingpool, in dem ich schwimmen gelernt habe. Es gab Makkaroni mit Schinken, Erbsen und Sahne nach dem Skifahren. Manchmal steigen diese Erinnerungen in mir auf wie weiche Kissen, in die ich mich fallen lasse. Wenn ich heute mit meinen Kindern im Wohnwagen sitze und der Regen auf das Dach prasselt, denke ich an das Fantasiewort, das ich mir für diese Stimmung als Kind ausgedacht habe: romanticano. Und ich will ihnen zuflüstern: Es ist alles echt, was ihr erlebt. All das ist eure Kindheit. Das Lachen und das Streiten, meine genervten Seufzer, meine festen Umarmungen. Wir sind echt.

Ich glaube, es gibt nichts Wichtigeres für Kinder, als dass sie in das Leben, das sie leben, vertrauen können. Dass sie dem Leben glauben können, dass es stimmt, und sich nicht später fragen müssen: War das denn alles gelogen? Wenn Eltern sich trennen, kommt dieser Gedanke nämlich manchmal hoch. Oder auch, wenn eine Liebesbeziehung zerbricht. War denn alles bisher falsch? Hast Du mich gar nie wirklich geliebt? Diese Gedanken zersetzen dann die Vergangenheit, als ob man all die schönen Erinnerungen in Säure einlegen würde. Sie drohen sich aufzulösen, zu verzerren und dröhnen in den Ohren. Ein Verrat der Gegenwart an der Vergangenheit. Und Verrat schmerzt am meisten, wenn das Vertrauen in das Gute vorher besonders groß war.

Der berühmteste Verrat der Geschichte ist zugleich die unverständlichste Geschichte des Neuen Testaments: Ein Judaskuss, der alles in den Dreck zieht, was vorher war. Und nicht nur der Verrat des Judas, sondern auch der der jubelnden Menschenmenge. An Palmsonntag rufen sie Hosianna und begrüßen Jesus wie einen König. Breiten ihre Kleider aus. An diesem Tag trägt ein Esel Jesus über die weichen Straßen. Hoch gelobt und tief gefallen. Nur wenig später trampeln sie auf ihm herum. Das Hosianna wirkt höhnisch, so wie die Dornenkrone und die hämische Inschrift:»König der Juden.« Ein Verrat. War das Hosianna denn jemals ernst gemeint? Die Palmwedel, die Begeisterung, die Liebe?

Ja. Auch der letzte Urlaub mit den Eltern, das letzte »normale« Weihnachten, auch das war ernst gemeint. Es war echt und wahr und richtig. Liebe und Geborgenheit werden nicht falsch, wenn sie irgendwann enden. Es war keine falsche Liebe von Judas zu Jesus. Keine schlechtere Liebe. Vielleicht eine, die gescheitert ist. Sinnbildlich und stellvertretend für sehr vieles, an dem man scheitern, sich aufreiben, kaputtgehen kann.

Grüne Palmzweige lege ich auf die Wunden wie auf einen Verband. Kleider dämpfen die Hufe des Esels auf meiner Straße. Mein Hosianna ist echt.

Brotrinden
und scharfe Zwiebeln

GRÜNDONNERSTAG

In Deinen Fingern bleiben Holzsplitter stecken, weil Du über die Tischplatte gestrichen hast, gedankenverloren. Es tut weh und Du hast keine Kraft, aufzustehen und die Pinzette zu suchen.

Du zeichnest die Ringe im Holz nach, dunkelrotweinfarben. Erzählen Dir von vorgestern, wo die Gläser auf dem Tisch standen.

Mit dem Zahnstocher das nächste Stück Käse. Und die Olive. Obwohl Du die doch gar nicht magst. Ist eben wie sonst im Leben. Muss man so viel runterschlucken. Bitteres und Abgelaufenes sogar.

Ich würde manchmal gern die Nachspeise zuerst essen. Die Schokolade mit Nüssen drin. Und die Karamellschicht mit dem Löffel aufbrechen. Kleine Risse machen in meine harte Schale.

Stattdessen beiße ich in den sauren Apfel. Mache mir eine Wärmflasche gegen die Bauchschmerzen. Und zwischendurch lege ich meine Füße darauf. Sie werden warm. Irgendetwas wird leichter und jemand sagt: »Du kannst hierbleiben heute Nacht.«

Das Leben hat harte Brotrinden und scharfe Zwiebeln gebracht, und wenn man sie mit mildem Essig mischt und mit der Gabel direkt aus der Schale isst, geht es trotzdem.

Ich esse oft allein. Aber auch immer wieder mit den anderen, die das Gleiche kauen, schlucken, probieren müssen. Ihr sitzt mit mir hier. Kennt das Menü nicht, genau wie ich.

Jesus saß damals mit den anderen von uns am Tisch, nach vielen Tagen zusammen wollte er gehen – und musste vielleicht auch. Hatte vorher Leben kosten lassen, Fische über dem Feuer, Brot am anderen Morgen.

Kalte Hände, die nach den anderen gegriffen haben.

In den Fingern die Holzsplitter. Sie haben wehgetan und niemand ist aufgestanden, um eine Pinzette zu holen. Manchmal muss man den Stachel stecken lassen, um zu spüren, dass noch etwas fehlt zum Glück. Und zum ewigen Leben.

Ich bin an Deinem Tisch, Gott.
Und Du an meinem.
Trotz ohne Tischdecke.
Trotz ohne geschliffene Gläser.
Mit Deiner Gnade.
Mit meiner Angst.
Mit meiner Liebe.
Mit jedem Stück Brot will ich sie füttern.

Auf meinem Teller türmt sich das Leben.
Und Stück für Stück.
Ich will wenigstens hier nicht alles essen müssen,
was da ist.
Lieber will ich Brot des Lebens essen,
wenn das geht.

Lieber will ich Saft und Wein
und alles Harte darein eintauchen.
Mach meine Hoffnung härter als alles andere.
Und nimm mir nicht den Stachel,
aber auch nicht das Glück.
Amen.

Palmsonntag

Nicht ganz bei Trost

KARFREITAG

Erklär mir, Liebe, was Du Dir dabei denkst, bei Deinem Ja im Nein. Erklär mir, Liebe, warum Du mich nicht ins Schwarze treffen und stattdessen an einem seidenen Goldfaden hängen lässt. Erklär mir, Liebe, warum Du stolz Deinen Kopf hebst und keine Federn lässt.

Welchen Sinn ergibt die Liebe? Wie viele Wunden reißt sie auf und welche heilt sie? Aber wann hat die Liebe schon jemals nach Sinn gefragt? Und wer fragt danach, wenn er liebt? »Pass auf Dein Herz auf, wenn Du Dich verliebst«, sagen manche. Ich halte davon nicht viel. Warum sollte man mit angezogener Handbremse lieben? Als ob sich die Liebe von so etwas aufhalten ließe. Von so etwas wie Bedenken, Moral, Vernunft, Rücksicht. Unsere Gefühle unterdrücken, zurückhalten zu wollen, macht es einfach nur noch schlimmer. Wir können kontrollieren, was wir tun, aber nicht, was wir fühlen. Unsere Gefühle übernehmen schnell die Macht über unser Handeln, wenn wir sie nicht endlich ernst nehmen. Ihnen glauben. Vertrauen zu ihnen haben. Wer liebt, gibt sich hin. Fragt nicht nach dem Ende. Aber nach dem Anfang. Wer liebt, spürt die Schmerzen des anderen wie die eigenen. Oder noch mehr. Wer liebt, ist nicht ganz bei Trost. Und findet in der Liebe einen Trost, der für's ganze Leben reicht.

Manche Lieben dauern einen Tag, wahr sind sie trotzdem. Manche dauern bis zum Grab und hören nie auf. »Bis dass der

Tod uns scheidet« – auch das stimmt nicht. Der Tod ist nicht stärker als die Liebe, nur als das Leben.

Ein Gott, der am Kreuz stirbt, hat nicht versäumt, »besser auf sich aufzupassen«. Er hat genauso geliebt wie wir. Ohne Ende, ohne Anfang. Nicht ganz bei Trost. Die Liebe lässt uns leben. Und ihn auch.

ALLES ABGERÄUMT –
WAS BLEIBT VOM KARFREITAG

Wo Kerzen waren, bleibt jetzt der Rauch. Wo Essen und Trinken waren, bleibt jetzt die Leere. Wo Wahrheit war, ist nur noch das Fragezeichen übrig geblieben. Wo das Lachen und die Liebe waren, sind Leere und Vermissen.

Was ist leer bei Dir? Ist es dein Herz, weil es schon so lange nicht mehr kräftig geschlagen hat?

Was ist leer bei Dir? Ist es der Morgen, weil das Aufstehen keinen Sinn ergibt, weder heute noch morgen? Oder ist es der Abend, weil ja doch nichts aufhört, selbst wenn der Tag endet und die Nacht beginnt?

Und voller Schmerz denke ich das Leben in Fülle. Voller Sehnsucht denke ich an die Momente der Fülle: als wir gegessen haben. Gelacht und getanzt. Manchmal unter Tränen, wenn es nötig war. Gesungen, auch schief und ohne den richtigen Text.

Wann ist es voll bei Dir? Wenn Du Dir den Bauch hältst vor lauter Lachen? Oder wenn Dein Mund lächelt beim Gedanken an sie? Wenn Du die Schokolade auf der Zunge spürst? Das Süße, das Herbe?

So wie ich mich dem Schönen hingebe, so hast Du Dich auch hingegeben, Gott. Hast Dich geteilt, damals am See. Als sie so viele Fische hatten und so viele Brote, dass sie alle satt wurden. Und noch so viel übrig blieb. Du hast Dich hingegeben, Gott, hast Dich geteilt. Du hast nie aufgehört, Gott zu sein. Und hast doch jeden Moment geteilt: die Tränen der Mütter und die Schmerzen der Väter. Du hast Dich nicht herausgehalten aus der Welt. Wie um uns zu zeigen, dass es möglich ist. Dass es möglich ist, zu leben und trotzdem zu scheitern. Dass es möglich ist, das größte Glück zu kennen und den Tod nicht zu leugnen. Du bist das Trotzdem, Gott. Das trotz dem Schmerz. Das trotz der Angst. Das trotz der Schuld.

Dazwischen

Alle Zwischenzeiten
habe ich überlebt.
Dann, wenn der Schmerz auf einmal einen Sinn ergeben musste,
damit ich ihn tragen konnte.
Alle Zwischenzeiten
waren schlimmer als der Tag,
an dem alles vorbei war.
An dem der Schock mich geschützt hat
wie Stroh als Dämmmaterial.
An allen Zwischentagen rutscht der Schmerz
tiefer in mich hinein.
Will bei mir bleiben
und ein Teil meines Lebens werden.
Was wäre, wenn ich ihn ließe?
Was wäre, hörte ich auf zu kämpfen,
ließe ich meine Waffen sinken,
zeigte mich schutzlos?
Fände ich dann Demut?
Oder nur laute Leere?
Und brächte sie mich näher zu Dir?
Oder vielleicht näher zu mir?

Mit dem Leben gesegnet

Drei Tage im Grab, das sind all die Tage, an denen ich vor Angst nicht atmen kann. Drei Tage im Grab, das sind all die Jahre, in denen ich mein Leben wie durch eine Glasscheibe sehe, weil ich irgendwie nicht dazugehöre. Drei Tage im Grab, das sind die Monate, in denen ich versuche, es besser zu machen, die Momente, in denen ich aufgebe, in denen ich meiner Angst und meinen Schuldgefühlen erliege. Drei Tage im Grab können sich endlos anfühlen. Und ich weiß nicht, wann sie aufhören.

Und vor dem Grab liegt ein Stein. Ich bin drinnen und kann ihn nicht wegrollen. Nicht wie bei der Ausgangssperre damals, die irgendwann wieder vorbei war. Kein Mensch kann uns den Stein vom Grab wegrollen. Wann sind die drei Tage vorbei?

Manchmal fällt ein Licht durch. Ein schmaler Spalt zwischen dem Grab und dem Leben da draußen. Dann bricht dieser Augenblick auf, der uns Freiheit verspricht: Freiheit von der Angst und der Schuld. Das Licht des Lebens fällt auf uns, und von da an können wir eigentlich nicht mehr zurück in die Dunkelheit. Dieses Licht sieht bei jedem und bei jeder anders aus. Deshalb kann uns das auch niemand anderer sagen. Nur wir selbst können das Licht erkennen, wenn es da ist. Die drei Tage sind vorbei, wenn das Sehnen nach dem Leben überhandnimmt.

Wenn das Warten auf das Licht nicht mehr auszuhalten ist, sind die drei Tage vorbei. Dann wälzt Gott den Stein vom Grab, den wir selbst nie hätten wegschieben können. Er reißt den Himmel über uns auf, macht aus dem Dämmerlicht Morgenröte. Irgendwann findet uns das Leben, auch wenn wir noch so lange im Grab lagen.

Gott reißt den Himmel über uns auf. Wir werden das Leben finden, sooft wir auch davonlaufen. Und wir werden davonlaufen. Immer wieder. Man kann dem Leben lange mit Erfolg davonlaufen. Man kann sich lange vergraben vor dem Licht. Aber wir sind nicht für den Tod gemacht. Wir sind für das Leben geschaffen. Wir sind nicht dem Tod geweiht, sondern mit dem Leben gesegnet. Er ist auferstanden. Wir werden auferstehen. Immer wieder.

Ostersonntag

Dem Leben trauen

Kann ich denn der Hoffnung trauen? Den schönen Geschichten vom noch schöneren Leben? Was wäre, wenn der Plan nicht aufgeht? Wenn der Mut sich verläuft und die Angst ihn überholt? Was wäre, wenn mein Vertrauen in das Leben falsch war? Wenn ich eines Besseren belehrt würde?

Sie waren lange zusammen gegangen: ein unbekannter Wanderer und zwei Jesus-Jünger am Tag nach dem leeren Grab. Da sitzen sie am Tisch. Und er teilt das Brot. Er dankt und betet. Der Wein ist dunkelrot, und das Kerzenlicht lässt ihre Augen leuchten. Dann ist es da, das Leben. Der, der gestorben ist, ist wieder da. Der, der immer da gewesen war, ist wieder da. Und mit ihm der Glaube an das Leben, an das Auferstehen vom Tod, an das Heilwerden, die Schönheit. Mit ihm sind die Wunder wieder da. Das Lieben und das Geliebtsein.

Das Herz hat ihnen gebrannt. Vor lauter Liebe und Erinnerung. Und es war ein Trost. Kein leichter, sondern einer, der bleibt. Weil mit dem Wein und dem Brot das Leben wieder da war, von dem sie dachten, es sei verloren. Und auch, wenn er nicht mehr da ist, so bleibt das Leben. Kommt zurück. Der Tod hat es nicht gehalten. Hat es nicht kleiner und ärmer gemacht. Hat es am Leben gelassen.

Nicht nur der Christus bei den Emmaus-Jüngern ist am Leben, sondern jeder Mensch ist am Leben und lebt in diesem Licht. Dem Licht, das die Nacht durchbricht, wenn der Tag sich geneigt hat und das Herz brennt. Ein Licht von dem Himmel, der um uns ist, größer als die Erde. Heller und weiter, und erzählt von dem Licht und von der Liebe.

All die Erinnerungen sind in diesem Himmel geborgen. All die Sehnsucht ist aufgehoben und bewahrt in diesem Leben. Das Schöne und das Helle. Das Dunkle und Ausgefranste in diesem Leben. Es ist die Erinnerung an das Brot des Lebens, das den Ostermontag zum Hoffnungstag für morgen macht. Ich stecke mir ein Stück davon in die Tasche, für jeden Tag des Jahres, an dem ich diese Hoffnung nicht vergessen will.

▷ *Schreib eine Liste mit Dingen, die Dir guttun. Es darf alles dabei sein: Cappuccino im Bett trinken, ein Töpferkurs, Snowboard fahren, Instagram-Stories schauen, Gartenzeitschriften lesen, nackt baden, Klavier spielen. Es muss nicht alles möglich sein, nur schön.*

▷ *In einem zweiten Schritt schreibst Du auf, wie lange das jeweils dauert, und sortierst es nach Kategorien. Vielleicht brauchst Du irgendwann zwischendurch etwas Schönes, Hoffnungsvolles in Deinem Alltag wie ein Stück Brot in der Tasche. Wenn es so weit ist, hast Du hier Ideen, die Du umsetzen kannst.*

Vielleicht müssen wir manchmal
wirklich aus der Erinnerung heraus leben.
Aus der Erinnerung an das Gefühl,
dass es das wahre Leben gibt.
Dass es sich lohnt, zu springen.
Dass der Mut viel kostet
und trotzdem mehr wert ist
als die Angst.

Wirf Dein Vertrauen aus

QUASIMODOGENITI,
WEISSER SONNTAG

Du hast alles geplant, alles vorbereitet. Die großen Überlegungen, die ganz grundsätzlichen Fragen. Sogar Antworten hast Du gefunden. Du hast Gespräche geführt, Pro-und-Contra-Listen, To-do-Listen geschrieben. Einkaufslisten dagegen hast Du gar keine mehr geschrieben in den letzten Monaten, für so etwas Basales, Normales, Alltägliches war keine Zeit. Von der Hand in den Mund gelebt. Dein Kopf war so damit beschäftigt, Dein Leben umzuplanen, dass es Dir kaum aufgefallen ist, dass der Rest einfach weitergelaufen ist. Die Antwort auf die Fragen, Listen, Gespräche und Pläne ist irgendwann gleich geblieben: Machen. Durchziehen. Ja sagen. Oder Nein, je nachdem, wie man es betrachtet. Die Entscheidung ist gefallen, Du stehst jetzt ganz vorne auf dem Sprungbrett. Denn was Du noch nicht hinter Dir hast (fast hättest Du es vergessen!), ist: Springen. Und das ist etwas ganz anderes.

Die wenigsten Menschen entscheiden bei großen Lebensfragen spontan und aus dem Bauch heraus, wachen morgens auf, greifen zum Telefon und ändern ihr Leben. Und selbst die, die das tun, denken das an diesem Morgen nicht zum ersten Mal. All die anderen Male war der Gedanke klein und leise. Man konnte ihn sanft zurückschieben, ohne dass etwas wehgetan hätte. Wenn es an diesem Morgen anders ist, dann hat das Gründe. Bei den Planer*innen unter uns, an die ich oben gedacht habe, sind diese Gründe wochen- oder monatelang hin- und hergeschoben worden. Von Pro nach Contra und wieder zurück. Zwischendurch gab es Stillstände und Richtungswechsel, wie beim Uno-Spielen vielleicht, wenn man einmal vergisst, »Uno« zu sagen und dann doch wieder Strafkarten ziehen muss. Lebensentscheidungen brauchen Zeit, Kraft und Spielraum. Sie müssen die Möglichkeit haben, zurückzufedern, am besten in einen ausgepolsterten Raum, in dem man sich nicht stößt, weich fällt. Manchmal geht das, bei Entscheidungen auf Probe zum Beispiel. Aber in anderen Situationen gibt es nur springen oder stehen bleiben.

Ich glaube, der Unterschied ist, dass zum Springen, zum endgültigen Abspringen, ein großes Vertrauen ins Leben gehört. Für dieses Vertrauen gibt es keine Listen, keine Vorbereitungen und nichts, was man abhaken kann. Es ist eher so, als müsste man alles, was man hat, hinwerfen. Auswerfen. Weit von sich werfen. Sich über sich selbst hinauswerfen also – das ist dann alles drei zusammen. Als hätte man ein großes Netz oder als wäre man selbst eines. Ein Netz, das sich hinauswirft.

»Danach offenbarte sich Jesus den Jüngern noch einmal, am See von Tiberias, und er offenbarte sich in folgender Weise. Simon Petrus, Thomas, genannt Didymus, Natanaël aus Kana in Galiläa, die Söhne des Zebedäus und zwei andere von seinen Jüngern waren zusammen. Simon Petrus sagte zu ihnen: Ich gehe fischen. Sie sagten zu ihm: Wir kommen auch mit. Sie gingen hinaus und stiegen in das Boot. Aber in dieser Nacht fingen sie nichts. Als es schon Morgen wurde, stand Jesus am Ufer. Doch die Jünger wussten nicht, dass es Jesus war. Jesus sagte zu ihnen: Meine Kinder, habt ihr keinen Fisch zu essen? Sie antworteten ihm: Nein. Er aber sagte zu ihnen: Werft das Netz auf der rechten Seite des Bootes aus und ihr werdet etwas finden. Sie warfen das Netz aus und konnten es nicht

wieder einholen, so voller Fische war es [...] und obwohl es so viele waren, zerriss das Netz nicht« (Johannesevangelium, Kap. 21, V. 1–6 und 11).

Der erste Satz ist der wichtigste:»In dieser Nacht fingen sie nichts.« Solche Nächte sind der Grund, warum es so schwer ist, das eigene Netz auszuwerfen. Das Leben ist voller leerer Netz-Nächte. Manchmal werden die Netze auch voll, aber nur mit Müll: alten Schuhen, schmerzhaften Erfahrungen, Blechdosen, an denen man sich die Finger aufschneidet. Wenn man so am Rand des Sprungbretts steht, steht man am Ufer des Sees. Und der Weg in das Neue, ins Wasser zu den vollen Netzen, der führt mitten hindurch. Durch den See, in dem der ganze Müll drin liegt. Auf das Boot, in dem die Fischer leer ausgegangen sind. Die Jünger*innen gehen auf das Boot zurück und fahren wieder hinaus auf den See. Wir müssen auch auf das Boot zurück. Mit uns selbst weitermachen. Wenn wir springen, sind wir es, die springen. Wir können niemand anderes sein. Wir nehmen uns selbst mit. Das Zögern, Zaudern, Zweifeln (ob es Zufall ist, dass der letzte Buchstabe des Alphabets oft am Anfang eines Absprungs steht?). Der Weg nach vorne geht durch uns hindurch.

Im Kirchenjahr ist diese Geschichte am Sonntag Quasimodogeniti dran, ein Zungenbrecher, aber gut zu übersetzen. Er heißt auf Deutsch: wie die neugeborenen Kinder. Es ist der erste Sonntag nach Ostern und einer meiner liebsten Feiertage (es könnte sein, dass ich das von mehreren Feiertagen behaupte). Ich mag ihn so gern, weil ich ihn so realistisch finde. Es ist nach der Auferstehung eben nicht so, dass in unserem Leben, in unserem »See« keine rostigen Blechbüchsen und alte Schuhe mehr zu finden wären. Auferstehung, von der Christ*innen oft sagen, sie bedeute, dass Jesus den Tod überwunden habe, ein für alle Mal, heißt eben nicht, dass der Dreck und das Versunkene und all das, was auf unserem tiefsten Grund liegt, sich in Luft aufgelöst hätte. Es ist alles noch da. Wir sind noch da. Und dass Jesus auferstanden ist, ändert erst mal nichts daran. Ich stehe wie die Jünger am See. Könnte mein Netz auswerfen. Oder selbst springen. Ich traue es mich nicht, weil es immer noch ich bin, die es tun muss. Das nehmen mir alle meine Listen und Pläne nicht ab. Ich bin es und ich muss da durch, mit mir leben und dafür wahrscheinlich vieles vergeben. Am meisten mir selbst. Dass die Auferstehung den Tod überwindet, sagen sie. Aber welchen Tod? Ich glaube, es ist der Tod der Selbstverurteilung. Der Tod des schlechten Gewissens. Der Tod, den ich mir selbst so oft anziehe. Aber das Kreuz liegt jetzt hinter mir. Und vor mir der See. Ich kann das weiße Kleid anziehen und Frieden mit dem Leben schließen. Mit mir selbst. Es geht weiter wie bisher, aber anders.

Wirf Dein Vertrauen in das Morgengrauen. Auch wenn Du Dir dabei selbst am meisten im Weg stehst. Mit dem leisen Glauben daran, dass es Gott ist, der sagt: »Wirf Dein Netz aus. Wirf Dein Vertrauen auf mich.«

 *Was würdest Du machen,*
wenn Du keine Angst hättest?

. . . .

. . . .

. . . .

Quasimodogeniti, Weißer Sonntag

Das Zeitliche segnen

CHRISTI HIMMELFAHRT

Es war eine wilde Mischung aus Übermut, Tatendrang, Über-forderung, Angst, Abenteuerlust und Unwissen, die meine Freund*innen und mich an diesem Morgen vor inzwischen 17 Jahren begleitete. Zum ersten Mal würden wir vier Tage der Osterferien ohne »echte Erwachsene« zusammen verbringen, schließlich waren wir 16, 17, 19 und 21. Allerdings sollten noch 40 weitere Kinder mit uns zu einem Bauernhof fahren – eine Kinderfreizeit, organisiert von der Kirchengemeinde, ohne päd-agogisch geschultes Personal, ohne Eltern.

Natürlich hatten wir Erfahrung, waren selbst schon oft mit-gefahren, kannten den Bauernhof – und trotzdem glaubten wir bis kurz vor der Abfahrt nicht, dass alles gutgehen würde. Der bis ans Dach vollgestopfte Gemeindebus stand zur Abfahrt be-reit, die Kinder würden direkt von ihren Eltern zum Bauernhof gebracht werden. Wir standen im Hof und hatten schon die Tür des Gemeindehauses zugezogen. Da steht der Pfarrer auf ein-mal vor uns: Kommt, ich gebe euch noch einen Reisesegen mit. Wir setzen uns in den Jugendraum. Er spricht ein Gebet. Einen Segen. Dass wir bewahrt sein sollen. Behütet. Ich weiß nicht mehr genau, was er gesagt hat. Aber ich werde nie vergessen, wie viel Kraft mir dieser Moment gegeben hat. Nicht nur seine Worte, sondern vor allem die Tatsache, dass es das war, was er uns mitgeben wollte: keine Ratschläge, keine Mahnungen zur Vorsicht. Auch keine Bewunderung für unseren Mut. Nur einen

Reisesegen. Er hat Vertrauen gezeigt, nicht nur in uns, diesen kleinen Chaostrupp, sondern auch in Gott. In den, der unsere Reise begleiten würde. Der dabei sein würde in unseren vier Tagen ohne Erwachsene. Ohne »seid vorsichtig!«, aber mit dem Zuspruch, unseren Weg gehen zu können.

Seit dieser Bauernhoffreizeit habe ich selbst schon vielen Menschen den Segen Gottes zugesprochen. Am Ende des Gottesdienstes. Den Familiensegen bei einer Taufe. Den Segen am Grab – für den Menschen im Grab und für die, die weiterleben. Ein Segen ist dabei für mich immer ein kleiner Abschied. Für einen kurzen Moment habe ich das Gefühl, die Menschen, die ich segne, ganz in Gottes Gegenwart einschließen zu können. Unter ihre Flügel zu stellen. Bewahrt und beschützt und gestärkt für alles, was danach kommt. Am Ende schlage ich das Kreuzzeichen. Der Segen ist beendet. Ich trete zurück. Ich lasse los. Die Menschen, die den Segen gespürt haben, gehen zurück in ihre Gegenwart, in ihren Alltag und alles, was dort auf sie wartet: das Glück und das Schwere, das sie tragen müssen. So gern würde ich ihnen oft noch mehr mitgeben. So etwas wie ein kleines Flüstern, das zu ihnen spricht, das sie immer hören. Oder ein sichtbares gemaltes Zeichen auf ihrer Haut, das sie sehen und durch das sie sich an Gottes Gegenwart erinnern können. Aber das geht nicht. Weder bei den Menschen, die ich als Pfarrerin begleite, noch im Rest meines Lebens. Ich muss loslassen, was ich nicht kontrollieren kann.

Selbst wenn wir es lieber festhalten würden: Auch das, was wir lieben, müssen wir loslassen. Das Kind vor seiner ersten Reise, die es allein unternimmt. Unseren Vater, wenn er auf seine letzte Reise geht. Unsere Freunde, die einen ganz anderen Weg einschlagen als wir selbst. Die Spannung, die in einem solchen Moment entsteht, ist manchmal unerträglich. Wir spüren

Christi Himmelfahrt

so nah wie sonst nie, was uns am Herzen liegt, was uns mit dem Menschen oder mit der Situation, die wir loslassen müssen, aufs Engste verbindet. Es soll alles bleiben, wie es ist.

Manchmal spüren wir das so dringlich, dass sich all unser Wissen und all unser Verstand ausschaltet. Es darf sich nichts verändern. Kein Abschied darf sein und auch kein Neuanfang. Die Hände und das Herz verkrampfen sich. Der Kopf kann nicht mehr denken. Nicht mehr »aber so geht es doch nicht weiter«, nicht mehr »aber es ist doch besser so«, nicht mehr »du kannst es nicht ändern«. Alles, was wir sind, hält fest, verbindet uns mit dem, was wir lieben und was unser Leben ausmacht. Nie können wir schlechter loslassen als in dem Moment, wenn der Abschied unausweichlich ist. Nicht umsonst rühren uns die Szenen von Abschieden auf Bahnhöfen und Flughäfen in Filmen so sehr: Der Zug fährt ab, die Sichtschranke auf dem Flughafen schließt sich. Man kann noch ein Stück hinter dem Zug herlaufen, aber man wird unweigerlich zurückbleiben.

Die Dichterin Mascha Kaléko fühlte sich als die, die bleiben musste. In Ihrem Gedicht »Abschied« schreibt sie: »*Jetzt sitz ich ohne dich in meinem Zimmer / Und trink den dünnen Kaffee ganz allein. / – Ich weiß, das wird jetzt manches Mal so sein. / Sehr oft vielleicht ... Beziehungsweise: immer.*« Die Einsamkeit, die uns im eigenen Leben bleibt, ist es, die wehtut. Der andere geht und wir haben zu bleiben, dünnen Kaffee zu trinken. Dieselben Wände anzuschauen. Während der, der losfährt, ins Neue fährt.

Für wen ist der Abschied eigentlich schwerer? Für die, die gehen, oder für die, die bleiben? Immer wenn ich es war, die losgehen musste, fand ich das am schwersten. Das Gehenmüssen, Zurücklassenmüssen, auch wenn das Neue schon gewartet hat, auch wenn ich gehen wollte. Das Neue ist das Unsichere, das offene Meer. Und mit jedem Schritt nach vorne lasse ich einen Teil von mir zurück.

Leaving on a jetplane
JOHN DENVER

Die meisten Abschiede sind für immer. Weil sich alles ändert, wenn wir loslassen. Weil unsere Reisen und Aufbrüche uns verändern. Die Kinderzimmer, die wir zurücklassen, werden umgeräumt und frisch gestrichen. Wir bleiben nicht dieselben, wenn wir gehen, und auch nicht, wenn wir bleiben. Den Reisesegen brauchen die, die gehen, genauso wie die, die bleiben. Da geht es eben nicht nur um das berühmte Loslassenkönnen. Immer wieder heißt es, man müsse auch loslassen, wenn das Leben nicht so läuft, wie man es sich gewünscht hat. Man soll Träume loslassen, Wunschvorstellungen aufgeben, sich nicht an so viel Altes klammern. Alles mit dem Ziel, sich offen auf das Leben einzulassen, das man doch sowieso nicht in der Hand hat, das man nicht planen und kontrollieren kann. Ja, schon. Aber die Tatsache, dass wir an unseren Wünschen festhalten, dass wir an Menschen festhalten, zeigt doch, dass wir lieben. Und dass wir unser Herz an dieses Leben gehängt haben. Dass der Mensch, den wir loslassen sollen, etwas in uns verändert hat. Das, was wir festhalten wollen, zeigt, wofür unser Herz schlägt. Daran ist nichts Falsches. Und trotzdem kommt der Abschied, der Bahnhof, der Aufbruch, das Ende.

Christi Himmelfahrt

»Maria aber stand draußen vor dem Grab und weinte. Während sie weinte, beugte sie sich in die Grabkammer hinein. Da sah sie zwei Engel in weißen Gewändern sitzen, den einen dort, wo der Kopf, den anderen dort, wo die Füße des Leichnams Jesu gelegen hatten. Diese sagten zu ihr: Frau, warum weinst du? Sie antwortete ihnen: Sie haben meinen Herrn weggenommen und ich weiß nicht, wohin sie ihn gelegt haben« (Johannesevangelium, Kap. 20, V. 11–13).

»Ich weiß nicht, wo sie ihn hingelegt haben« – aus diesem Satz spricht die ganze Einsamkeit eines Menschen, der zurückgeblieben ist. Es ist alles anders und ich suche den, der nicht da ist. Ich will ihn berühren und festhalten *»Noli me tangere!«* Dieser Satz ist geblieben aus der Geschichte vom Schmerz der Maria Magdalena. Ein Jesus, der sich zu entziehen scheint, der nicht berührt werden will. »Rühr mich nicht an!«, übersetzt Martin Luther die Worte, die man Jesus in den Mund gelegt hat. Aber vielleicht wollte Maria ihn nicht nur anfassen, sondern vielmehr festhalten. Vielleicht wollte sie zurück, was Jesus in ihr Leben gebracht hatte und in das vieler anderer Menschen: Er hatte sie berührt und verändert. Zur Hoffnung angestiftet und Grenzen verwischt. Diese Hoffnung will Maria zurück. Sie will das Leben festhalten und nicht loslassen. Das ist es doch, was Abschiede so schmerzlich macht: die Angst, dass wir alles verlieren könnten, was war. Die Erinnerungen. Das Gute, das wir zusammen erlebt haben. Die Angst, dass wir nicht nur die Zukunft loslassen müssen, sondern auch die Vergangenheit. Deshalb will Maria Jesus anfassen. Sie braucht die Gewissheit, dass nicht alles vorbei ist, dass sie mit dem Abschied nicht auch aufgeben muss, was sich in ihrem Leben zum Guten gewandelt hat.

Die Evangelien erzählen, angefangen mit dem letzten sogenannten Abendmahl, die Geschichte eines Abschieds. Und dieser Abschied hat seinen Höhepunkt eben nicht an Karfreitag.

Auf den Moment der Trauer folgt ein Aufbäumen der Hoffnung. Die strahlende Osterfreude mit der Gewissheit, dass das Leben den Tod überwunden hat. Halleluja und Osterlachen. Sonnenstrahlen und Auferstehungsmut. Aber die Evangelien bleiben da nicht stehen. Sie gehen weiter. Genau den Schritt weiter, den es braucht, um eine echte Geschichte zu erzählen. Eine, die unser Leben genau so kennt. Ja, wir erleben Liebe und Leben an so vielen Stellen. Wir werden gestärkt und geliebt – und trotzdem gibt es Abschiede, erzwungene, vom Leben mit einem so sehr geliebten Menschen, die sich nicht kleinreden lassen und die man nicht schönreden kann damit, dass man lernen muss, loszulassen. Denn dass das Leben danach weitergehen muss und weitergehen wird, das wissen wir. Wir wissen es schmerzlich. Das ist ja das Schlimme. Der Moment, in dem Maria Jesus gegenübersteht, ist so ein Moment. Sie kann die Augen nicht davor verschließen, dass sich genau jetzt etwas ändern wird. Für immer.

Der Feiertag »Christi Himmelfahrt« lässt kaum zu, dass wir uns den Abschied Jesu als Aufsteigen vorstellen – »auferstanden von den Toten, aufgefahren in den Himmel, er sitzt zur Rechten Gottes« sprechen wir im Glaubensbekenntnis. Aber dazwischen liegt der Moment des Abschieds, für den das Glaubensbekenntnis keine Worte findet.

God only knows
THE BEACH BOYS

Im Moment des Abschieds ist alles wieder da. Alles, was ich von Dir gelernt habe: Wie man Dampfnudeln macht, wie man einen Fahrradschlauch repariert. Dass man für drei Tage im Auto schlafen kann, wenn man unbedingt ans Meer will. Die Menschen, die unser Leben geprägt haben, haben uns so viel gegeben. Und wir ihnen. Manchmal schafft es dieses Gefühl der Dankbarkeit in uns aufzusteigen, mitten im Schmerz des Abschieds. Die Dankbarkeit dafür, dass man diesen Menschen sehen, anfassen und begleiten durfte, dass man einen Traum eine Zeit lang gemeinsam leben durfte. Dankbarsein lässt sich nicht verordnen, genauso wenig wie Loslassen. Die Tatsache, dass das »Leben doch weitergeht«, ist in solchen Momenten kein Trost, sondern klingt höhnisch. Das ist ja das Schlimme, dass das Leben einfach weitergeht.

Dass die Welt sich weiterdreht und so vieles um uns herum einfach ohne unsere Kontrolle passiert – eigentlich kann das entlastend sein. Immer dann nämlich, wenn ich glaube, alles bedenken, planen und im Voraus organisieren zu müssen, damit mein Leben wirklich funktioniert. Nicht erst bei einer weltweiten Pandemie merkt man dann schmerzhaft, dass man eigentlich gar nichts kontrollieren kann oder vielleicht gerade mal den Abwasch zu Hause. Das Leben passieren zu lassen, ist manchmal schwer. Weil man warten muss, untätig sein muss, Gelegenheiten vorbeiziehen lassen muss. Halt mich nicht fest, sagt Jesus zu Maria. Nicht jetzt. Du brauchst noch ein bisschen Zeit, dann kannst Du mich wieder berühren. Mich wieder spüren.

Was das Johannesevangelium dann erzählt, ist so berührend – im wahrsten Sinne des Wortes – wie ein Kinofilm. Denn nicht Maria wird Jesus noch mal anfassen wollen, sondern Thomas. Ein anderer Jünger. Er will seinen Finger in die

Wunden Jesu legen. Er will spüren, dass alles noch da ist, dass nicht alles vorbei ist, was er erfahren hat. Kann es sein, dass der Wechsel von Maria zu Thomas die Veränderung beschreibt, die wir selbst bei einem Abschied durchmachen? Denn ist es nicht so: Wenn jemand unser Leben verlässt, auf welchem Weg und mit welcher Endgültigkeit auch immer, bleiben auch wir nicht dieselben. Wie auch? Unser Vermissen und Erinnern prägen uns neu. Und irgendwann kommt der Moment, in dem wir vorsichtig wieder den Finger in unsere Wunden legen können und spüren: Ja, es tut weh, aber es ist möglich.

Es sind nicht immer Menschen, die wir verlieren. Es sind die Bilder in unserem Kopf und in unserem Herzen, die wir jahrelang gezeichnet und ausgemalt haben: Wie wir sein, wie wir leben, was wir tun würden. Wir versuchen, die Zügel in der Hand zu halten. Und der Phantomschmerz, den wir spüren, wenn uns die Zügel aus der Hand genommen werden, ist heftig. Man kann sich auf diesen Schmerz nicht vorbereiten oder ihn üben. Aber vielleicht ist es das, was Menschen versuchen, wenn sie aufschreiben, wofür sie dankbar sind: das Gefühl, dass das Leben uns mit Fülle und Leben umgibt, ohne dass wir es ständig unter Kontrolle haben müssen. Haltet mich nicht fest. Ich gebe euch meinen Frieden. Das ist der Trost, der den Abschied möglich macht: Ich lasse los, weil ich weiß, dass ich das Leben nicht festhalten muss. Es lebt von selbst weiter. Ich verliere nicht mein Leben, wenn ich loslasse. Ich verliere nicht die Erinnerungen und nicht mein Glück.

Wenn ich heute an diese abenteuerliche Kinderfreizeit auf dem Bauernhof denke, muss ich den Kopf schütteln über unseren Mut. Und über die Eltern, die uns ihre Kinder anvertraut haben. Ich bewundere den Pfarrer, der es geschafft hat, alle Ratschläge, Ermahnungen und Vorschriften für sich zu behalten und uns einfach einen Reisesegen mitgegeben hat. Er hat uns nicht aufgehalten, sondern gehen lassen, unseren Fähigkeiten vertraut. Es ist schon alles da.

Manchmal verspüren sogar Pfarrerinnen und Pfarrer den Druck, Gott zu den Menschen bringen zu wollen. Dabei müssen wir das nicht. Gott ist doch schon da. Er sitzt nicht nur zur Rechten Gottes, ist nicht nur aufgefahren in den Himmel, sondern hat uns seinen Frieden mitgegeben, den wir mit dem Leben schließen können. Nicht ein für alle Mal, sondern immer wieder. Für mich ist das der Segen, den damals die Jünger*innen bekommen haben: Ihr müsst mich nicht festhalten, ich bleibe. Ihr müsst das Leben nicht festhalten, es bleibt. Euch wird nicht alles bleiben, was ihr liebt. Aber ihr verliert es nicht. Du verlierst nicht, was Du liebst und wofür Dein Herz schlägt. Es gehört zu Dir. Du musst es nicht festhalten.

Uneindeutiger Trost

Ich habe viele Jahre mit der Entscheidung gerungen, mich von meinem Mann zu trennen. Was für Außenstehende völlig unerwartet kam, schockierend und teilweise sogar verstörend war (wir arbeiteten beide als Pfarrer*in in einer Kirchengemeinde), war für mich nur die Spitze des Eisbergs: eine Trennung, ein Auszug, eine Wohnung, aus der ich versucht habe, so wenig wie möglich mitzunehmen, weil es doch das Zuhause meiner Kinder war, das ihnen Stabilität und Geborgenheit gab. Für mich waren es genau diese Stabilität und Geborgenheit, die mich lange festgehalten und aufgehalten haben. Weil es doch gut war. Keine schlimmen Streitereien, weder um den Abwasch noch um Geld oder Kindererziehung. Es war zu gut, um es zu verlassen. Und gleichzeitig blieb das Gefühl, durch eine Glaswand auf mein Leben zu schauen, nicht Teil davon zu sein, nicht zu fühlen, wie es ist, nicht zu wissen: Das ist mein Leben.

Ich habe also gewartet. Darauf, dass sich die Entscheidung für oder eben gegen meine Ehe irgendwann »leicht und richtig« anfühlen würde. Ich dachte, so würde es sein, wenn es richtig wäre. Die Entscheidung kommt ohne Bauchschmerzen aus und ohne Zweifel, ohne Schreckensvisionen und Albträume. Ich dachte, mein Gefühl würde mir im Zusammenspiel mit eigenen Argumenten, Gesprächen mit meiner Therapeutin und meinen Freund*innen schon irgendwann den richtigen Weg weisen. (Und bevor Du Dich das fragst: Gebetet, Gott möge mir die richtige Entscheidung sagen, habe ich auch. Als ich das das erste Mal versucht habe, bin ich direkt danach die Treppe runtergefallen. Ich fand das nicht so witzig.) Aber das leichte und gute Gefühl blieb aus. Stattdessen wurde ich krank. Stattdessen suchte ich Ablenkung und tiefe Gefühle an anderer Stelle. Stattdessen sagte ich mir, man könne eben nicht alles haben im Leben, das sei doch wohl klar. Das Leben schien einfach von selbst weiterzugehen. Und ich saß drin. Saß fest in meinen Schuldgefühlen, meiner Sehnsucht danach, zu strahlen, zu blühen, aufzubrechen, und das alles schien mir unerreichbar weit weg zu sein. Unmöglich zu haben. Denn dazwischen standen so viele »Falschs«: Meine Verantwortung als Mutter, die Liebe zu meinen Kindern, mein Zuhause, der Blick von meinem Schreibtisch in den Garten, die Espressomaschine zur Hochzeit, mein Namensschild, der Plan, den ich für mein Leben hatte. Das Gefühl, zu versagen. Überall. Nichts davon war leicht oder auch nur »nicht so schlimm«. Es war schrecklich. Es war ein Scheitern und kein Aufbruch.

»Weißt du, Sabrina, der christliche Glaube besteht aus Vergebung und Neuanfang«, sagte eine vertraute Kollegin eines Abends bei einem Spaziergang zu mir. Vergebung. Zum ersten Mal schien ich zu verstehen, dass Vergebung einen Fehler voraussetzt. Oder vielleicht ist Fehler nicht das passende Wort. Etwas Ungutes, etwas Schweres, Schlimmes, Hartes, Scharfes. Etwas, das man nicht gerne erzählt, weil man sich schämt. Ich fühlte mich unendlich fehlerhaft. Dann war die Vergebung womöglich für mich bestimmt? Obwohl ich seit Jahren bereits als Pfarrerin predigte, taufte, Menschen zu Grabe trug und dabei so oft schon von Gottes Liebe und seiner Vergebung gesprochen hatte, hatte ich diese Vergebung noch nie auf mich bezogen. Sie war möglich. Erlebbar. Und jetzt zum Greifen nah.

Und ich griff zu. Ich erkannte auf einmal, dass sich meine innere Frage, ob ich mich trennen sollte, gar nicht leicht anfühlen *konnte*. Weil sie mit Schuld zu tun hatte. Und Scham, dem Gefühl, versagt zu haben und andere dabei zu verletzen. In diesem Moment hörte ich auf, darauf zu warten, dass sich meine Entscheidung leicht anfühlte. Sie war schwer. Unendlich schwer. Aber weil ich seit Jahren nicht mehr glücklich war, trotz Gesprächen, trotz Beratung, ging ich jetzt den Weg, auf dem ich Vergebung brauchte. Der innere Neuanfang, von dem meine Freundin gesprochen hatte, schien mir noch weit weg. Im Moment war der Abschied dran: von dem jahrelangen Ringen, aber auch von dem Leben, das ich zurückließ. Ein Trauerprozess begann, der wahrscheinlich immer noch anhält.

Die Psychologin Pauline Boss spricht im Zusammenhang mit Menschen, bei deren Angehörigen eine Demenz vorliegt oder die einen Schlaganfall erlitten haben, von sogenannten uneindeutigen Verlusten: das Verlieren von etwas, das nicht ganz eindeutig bestimmbar ist, wie zum Beispiel der einer gemeinsam erträumten Zukunft, die es so nicht geben wird. Oder die Trauer um einen Menschen, der zwar noch am Leben ist, der sich aber so sehr verändert hat, dass er sich manchmal wie jemand anderes anfühlt. Auch ich hatte einen solchen uneindeutigen Verlust erlitten: Ich konnte meine Kinder nicht mehr täglich sehen, aber sie waren immer noch meine Kinder. Ich verließ meine Wohnung, meine Arbeitsstelle, aber das Wichtigste nahm ich mit und arbeitete weiter in meinem Beruf.

Ich habe in letzter Zeit darüber nachgedacht, ob es den Jüngern damals mit ihrer Trauer um Jesus vielleicht auf eine Art genauso gegangen ist: Er war gestorben, er war nicht mehr da. Aber er war auch wieder auferstanden und verkörperte damit weiterhin ihre Hoffnung auf ein Leben in Gottes Nähe. Der

　　　　　　　　　　Christi Himmelfahrt

Abschied an Gründonnerstag, die Trauer an Karfreitag – und dann auf einmal diese fast unwirkliche Erfahrung der Freude an Ostersonntag, dem Tag der Auferstehung. Diese Freude sollte unwirklich bleiben, denn es würde nichts mehr sein wie vorher. Ein uneindeutiger Verlust. Sie hatten zwar seine unmittelbare Gegenwart verloren, aber hieß es nicht, er sei immer noch da?

Ich glaube, ein uneindeutiger Verlust braucht Trost in beide Richtungen. Er braucht die Erinnerung an das vergangene Glück und die Hoffnung darauf, dass man unter den veränderten Umständen weiterleben kann. Nicht nur irgendwie, sondern gut.

Meine ganz und gar nicht leichte Entscheidung, mich zu trennen, blieb uneindeutig. Wenn Menschen mich danach fragten: »Und, bist du jetzt glücklicher?«, konnte ich das nicht einfach mit »Ja« beantworten. So eindeutige Antworten, einen so eindeutigen Trost kann es nicht geben. Ich wollte so gern wieder heilen, neu anfangen, glücklich sein, aber ich merkte, eine »billige Gnade« war da nicht zu haben. Sie war teuer erkauft, diese Gnade. Ich nahm Schmerz in Kauf und viele Tränen. Aber ich erlebte auch, dass ich das aushalten konnte. Mein Trost war genauso uneindeutig wie meine Trauer. Er lag in den Menschen, die mir beim Umzug halfen. Bei der neuen Vermieterin, die mir spontan den Mietvertrag über den Tisch schob. Mein Trost lag in der neuen Tasse, die ich mir kaufte und aus der ich seitdem jeden Morgen meinen Kaffee trinke. Mein Trost war zum Anfassen und doch viel mehr. Es war ein sanftes Wehen in die richtige Richtung. Das Gefühl, wieder frei sprechen zu können.

In der Apostelgeschichte steht unter dem Titel »Das Pfingstwunder«: »*Als der Tag des Pfingstfestes gekommen war, waren alle zusammen am selben Ort. Da kam plötzlich vom Himmel her ein Brausen, wie wenn ein heftiger Sturm daherfährt, und erfüllte das ganze Haus, in dem sie saßen. Und es erschienen ihnen Zungen wie von Feuer, die sich verteilten; auf jeden von ihnen ließ sich eine nieder. Und alle wurden vom Heiligen Geist erfüllt und begannen, in anderen Sprachen zu reden, wie es der Geist ihnen eingab«* (Apostelgeschichte, Kap. 2, V. 1–4).

Der Heilige Geist, der sich da auf die Jüngerinnen und Jünger legte, der war auch so ein »uneindeutiger Trost«. Einer, der Zungen wieder löste und das Herz wieder wärmte. Er war Wind in die richtige Richtung. Eine Richtung, die sich nicht immer richtig anfühlen wird, aber trotzdem ins Weite führt, statt in die Enge der Angst und der Schuld. Manche Entscheidungen machen das Herz schwer, bevor wir irgendwann leichten Herzens leben können. Sie sind deshalb nicht falsch. Sie brauchen unsere Hingabe, unsere Ehrlichkeit und unsere Trauer. Wir leben aus Vergebung und Neuanfang, immer wieder.

Christi Himmelfahrt

Es fängt mit der Hoffnung an

Bei der Agentur hat er aufgehört. Er hätte es wirklich zu etwas bringen können, wenn er noch mehr Aufträge an Land gezogen und noch mehr Kunden umworben hätte. Aber er wollte nicht mehr. Es war genug. Er hat stattdessen die Eisdiele seiner Eltern übernommen. Es ist richtig viel Arbeit, und im Sommer kommt er nur noch zum Schlafen nach Hause. Aber er weiß, warum er es macht. Und er ist glücklich.

Was gibt Menschen die Kraft für eine solche Veränderung? Woher nehmen sie den Mut dazu? Ich glaube, der Mut kommt erst ziemlich spät. Am Anfang steht die Verzweiflung. Die Tränen in der Nacht. Die Bauchschmerzen am Morgen. Der Tunnelblick am Abend. Und dann: die Hoffnung auf etwas anderes. Ein bisschen wie die Taube nach der Sintflut, inmitten von Wasser: Als Erstes entdeckt sie einen grünen Zweig – es muss hier irgendwo Bäume geben. Sie fliegt los mit der Hoffnung, Land zu entdecken. Nur ganz langsam wird aus der Hoffnung der Mut: Es könnte sein, dass ich wirklich etwas ändern kann. Es könnte sein, dass ich ein anderes Leben verdient habe. Dass es mir zusteht, glücklicher zu sein als jetzt. Oder anders glücklich: mit weniger Geld und mehr Sinn, mit weniger Prestige und mehr Schokoladeneis. Am Anfang ist es ein grüner Zweig. Und dann ist es die Hoffnung, die sagt: Flieg los! Land in Sicht!

Dreimal heilig

DREIEINIGKEIT

Zwei Sätze tauchen immer wieder zu den unmöglichsten Gelegenheiten in meinem Kopf auf und stellen mich infrage. Der erste:»Es gibt kein richtiges Leben im falschen.« Er stammt von Theodor W. Adorno, einem Philosophen der Nachkriegszeit (ganz grob). Ohne nachzulesen, meint er damit wahrscheinlich so etwas wie: Du kannst kein normales, bürgerliches (also falsches) Leben führen und innen drin revolutionäre, gesellschaftsumstürzlerische Gedanken hegen (also vom richtigen Leben nur träumen). Dieser Satz rief mich zur Konsequenz, zur Strenge mit mir selbst, aber gleichzeitig auch hin zu einer großen Freiheit – der Freiheit des richtigen Lebens, das ich im falschen nicht finden würde. Aber was war richtig und falsch? Wer definierte das? Ich ja wohl! Aber so fand ich mich hin- und hergerissen zwischen meinen eigenen Interpretationen vom Richtigen und Falschen und war überall, aber nicht in meinem Leben.

Der zweite Satz ist:»Entweder man lebt oder man ist konsequent.« Er stammt von Erich Kästner, meinem Lieblingsschriftsteller als Kind. In meiner Facharbeit kurz vor dem Abitur dekonstruierte ich ihn dann: Er war nicht mutig gewesen, sondern opportunistisch, als man seine Bücher in Berlin verbrannte. Hielt die Faust in der Tasche geballt und ließ nur seine Romanheldinnen und -helden ein konsequentes, aufrechtes Leben führen. Und trotzdem: Er blieb sich treu. Wie konnte das nur zusammengehen?

Was beide Sätze verbindet, ist ihr richtig oder falsch, ihr entweder – oder. Sie leben aus einer unaufgelösten Spannung, die mich unruhig macht, ins Abwägen und Argumentieren bringt. All die Entscheidungen, die ich in den letzten Jahren getroffen habe - wo lag ich falsch, wo richtig? Und was war denn falsch – die Situation? Der Ort? Ich?

Vielleicht gibt es kein Ankommen im Richtigen und kein Verlaufen im Falschen. Auch bei Dir nicht. Vielleicht gibt es immer nur Dich.»Und immer nur heilig, heilig, heilig«, flüstert mir der heutige Sonntag zu. Dreimal heilig. Dreimal ich, dreimal Gott, dreimal anders. Mit jedem Menschen bist Du anders, mit jedem Ort veränderst Du Dich. Verlierst Tränen und weinst neue, lässt Wolken und Wege ziehen. Immer heilig, heilig, heilig. Heilig im Kaputten und im Heilen.

In der Bibel ist Gott die Schöpfungskraft. Jesus ist Gott. Und der Heilige Geist ist auch Gott. Alle drei sind Gott. Gott ist alle drei. Und vielleicht könnte Gott auch 125.673 sein. Hauptsache, es sind nicht zwei. Hauptsache, es ist kein Entweder-oder, kein Hier oder Da, kein Richtig und Falsch. Heilig, heilig, heilig, dreimal reicht aus, damit Du aufhören kannst, das Richtige im Falschen zu suchen, Deinen eigenen Konsequenzen zu folgen. Dreimal reicht, um Gott heilig sein zu lassen, so heilig, dass er sich nicht auf ein Richtiges festlegen lässt. Und auch Dich nicht festlegt. Sondern Dich immer wieder anders heilig, heilig, heilig sein lässt.

Irgendwann wird es blühen

FRONLEICHNAM

Wo war das nur all die Jahre?

Ich sitze im Garten meiner Mutter, unter dem Terrassendach, neben dem selbstgebauten Steinofen. Um mich herum blüht es: die Rosen, der Mangold. Acht Kopfsalate ordentlich aufgereiht nebeneinander. Meine Kinder laufen barfuß zwischen den Beeten herum und suchen die letzten dunkelroten Erdbeeren. Ab und zu kriege ich eine ab. Gedankenverloren fülle ich frisches Wasser in die kleine gelbe Kindergießkanne. Der rote Steinboden unter meinen Füßen ist warm.

Früher hatten wir nur Geranien. Rosafarbene Geranien mit diesem ganz speziellen Duft in braunen Blumenkästen. Im Herbst musste ich sie in den Keller zum Überwintern tragen und dabei die Luft anhalten, weil ich den Geruch nicht ertragen habe. Sobald es wieder warm wurde, durften sie zurück auf den Balkon unserer Dreizimmerwohnung. Im Keller standen sie zwischen den Wäscheleinen der anderen Hausbewohner. Es roch nach Weichspüler, Geranien und Fahrradschmiere.

Ein Jahr nachdem ich zum Studieren von zu Hause ausgezogen war, hat meine Mutter sich ein altes Haus gekauft und es zusammen mit ihrem Lebensgefährten von Grund auf renoviert. Seitdem gibt es Salat, Erdbeeren, Himbeeren, Pfingstrosen und Grillabende auf der Terrasse. Und ich frage mich: Wo war das nur all die Jahre? Das Blühen, die Farben, das Licht, die Luft? Die

Weite, die in diesem kleinen Terrassengarten steckt, das Leben, das hier wächst. Als hätte meine Mutter es die ganzen 25 Jahre in ihrer alten Wohnung in sich versteckt und erst jetzt freigelassen. Oder vielmehr: als hätte sie es jahrelang angebaut, gesät, gehegt und gepflegt, um es jetzt blühen zu lassen.

Menschen können das. Wir können verborgene Talente in uns tragen, ohne sie zu leben. Versteckte große Lieben bedenken und nicht darüber sprechen. Einen Traum spinnen und ein halbes Leben darauf warten, ihn Wirklichkeit werden zu lassen. Es ist so viel Großes in uns, das man nicht sehen kann, so viel mehr als unser Körper, unsere Worte und unser Alltag. Wahrscheinlich haben wir deshalb in manchen Momenten unseres Lebens das Gefühl, etwas würde von tief drinnen mit Macht aus uns herausbrechen wollen. Nicht aufzuhalten, weder von Argumenten noch mit Geduld. Das, was wir klein und verstaubar gemacht haben, will gelebt werden.

Während ich diesen Text schreibe, findet draußen auf der Straße in meinem kleinen oberbayerischen Dorf die Fronleichnamsprozession statt. Ich habe sie verpasst, weil ich den Gottesdienstkalender katholischer Feiertage als evangelische Pfarrerin nicht so richtig im Kopf habe. An Fronleichnam feiern Katholik*innen das Verborgensein von Jesus Christus in Brot und Wein. Und sein Offenbarwerden in der Eucharistie, der Feier des Abendmahls. Nach einem Gottesdienst werden Brot und Wein durch die Straßen getragen. Auf dem Boden liegen Teppiche aus Blüten, zu kunstvollen Mustern und Motiven drapiert. Es blüht und grünt und der Himmel ist offen: Gott ist größer als alles, weiter, bunter, blühender. Wie kann er in Brot und Wein passen?

Vielleicht so, wie so vieles Blühendes, Starkes, Buntes und Farbenfrohes in uns hineinpasst. Salat und Erdbeeren, ein Talent zum Singen, zum Zeichnen, zum Wändestreichen, zum Möbelbauen. Wir sind mehr und Gott ist mehr. Immer. Aber Gott ist manchmal auch verborgen und essbar und spürbar. Und heute duftet er nach Blumen.

✍ *Nimm ein Blatt Papier (am besten die Rückseite einer fiesen Rechnung oder vielleicht hast Du auch einen Strafzettel?) und schreibe in die Mitte, was Du am allerliebsten machst und was Dich sehr glücklich macht. Das liest keiner, also sei ehrlich. Es soll ein Gedanke puren Glücks sein! Schreib es auf und falte den Zettel, sooft Du kannst.*

✍ *Und jetzt: Versteck ihn! Irgendwo zwischen Deinen Alltagsdingen. Irgendwann kommt seine Zeit. Dann findest Du ihn wieder, wahrscheinlich wirst Du ihn schon längst wieder vergessen haben. Dann wird er zur richtigen Zeit blühen.*

In der Mitte

Da sind wir nun, mitten im Sommer. Kein Sommeranfang, vermutlich nicht der heißeste Tag des Jahres. Bei vielen ist heute wahrscheinlich ein normaler Tag. Was gibt es da schon zu feiern? Johannistag, sagt der Kalender, der Tag, an dem Johannes der Täufer geboren worden sein soll. In Skandinavien und einigen anderen Ländern feiern die Menschen in diesen Tagen Mittsommer: den längsten Tag des Jahres. Eine kleine Zäsur in der langen Zeit, die im Kirchenjahr mit ihren drölfzig Sonntagen nach Trinitatis ziemlich festlos daherkommt. Was gibt es heute schon zu feiern? Anfänge feiern wir, wie an Neujahr – da liegt das ganze Jahr noch sauber vor uns und es scheint viel leichter, endlich mit dem Rauchen aufzuhören oder das Joggen anzufangen. Und Abschlüsse, die feiern wir auch, wie beim Abi-Ball – endlich keine Schule mehr und alle Möglichkeiten für eine glänzende Zukunft offen. Auf jeden Fall feiern wir alle Übergänge und alles Neue. Geburtstage, Hochzeiten ... und natürlich Abschiede.

Unser ganzes Leben besteht anscheinend aus Zäsuren. Aber eigentlich gibt es viel mehr Dazwischen als Anfang und Ende. Viel mehr All-Tage. Viel häufiger plätschert das Leben so vor sich hin, zwischen den kleinen und großen Dramen irgendwo in der Mitte, im Normalen, Unaufregenden, Unbesonderen. Vielleicht ist es gerade das, was Leben ausmacht. Und ich meine jetzt nicht den Auftrag, jeden Tag zu leben, als wäre es dein erster oder letzter oder die Wunder in den kleinen Dingen des Lebens zu suchen. Als gäbe es nicht schon genug Druck, aus allem das meiste herauszuholen. Vielleicht liegt ein Glück ja darin, das Irgendwo-Mittendrin zu loben: Den Tag mitten im Schuljahr, den Dienstag um elf, oder eben den 24. Juni. Den Tag, an dem ich mir nach der Arbeit am Kühlschrank stehend ein Brot schmiere und den Abend vor dem Fernseher verbringe. Den Tag, an dem ich Kartoffeln, Mehl und Spülmittel im Supermarkt kaufe und mein Buch weiterlese. Einen Versuch wäre es doch wert: Die Alltage nicht als Wartestand zum nächsten Fest, Urlaub oder Neuanfang zu begreifen, sondern dem Irgendwie, Irgendwo, Irgendwann einen eigenen Zauber zuzugestehen. Und Gott sagt: Ich bin bei euch alle Tage, vom Anfang der Welt bis an ihr Ende, und an jedem Tag dazwischen.

Wie das Leben schmeckt

15. AUGUST,
MARIÄ HIMMELFAHRT

»Mariä Himmelfahrt« wird in der katholischen Kirche am 15. August gefeiert. Es geht dabei allerdings – anders, als der Name vermuten lässt – nicht um die himmlische Reise an sich, sondern darum, die besondere Bedeutung Marias, der Mutter Jesu, zu betonen: Nachdem Jesus auferstanden ist, ist sie die Erste, die genau wie er ganz in der Nähe Gottes ist. Erlöst von allem Leiden, geborgen in Gottes Liebe. Ihr Sohn, der Gottessohn, ist ihr vorangegangen. Es hört sich ein bisschen durcheinander an – denn schließlich hat sie ihn auf die Welt gebracht! Der traditionell männlich gedachte »Gott Vater« steht also über ihr, während ihr Sohn Jesus Christus auf »gleicher Stufe« wie Gott Vater steht. In der Bibel selbst liest man nichts von Marias Aufnahme in den Himmel, dort wird eher ihr ganz menschlicher, mütterlicher Schmerz und ihr Kämpfergeist wie im Magnificat in den Vordergrund gestellt (zum Weiterlesen: Sunny – 4. Advent).

Traditionell werden heute Sträuße gebunden: 77 Kräuter, vielleicht auch nur 7, vielleicht auch 12. Jedenfalls eine heilige Zahl von Kräutern. Darunter Johanniskraut, Wermut, Beifuß, Rainfarn, Schafgarbe, Königskerze, Tausendgüldenkraut, Eisenkraut, Wiesenknopf, Kamille, Thymian, Baldrian, Odermennig, Alant und Klee. Ein Büschel voller Kräuter an diesem Feiertag mitten im August. Sie duften würzig und kräftig und sind das, was dem Essen das Leben gibt. Nicht nur Salz und Tränen, sondern der Duft und die Blüte der Erde. Ihre Namen sind so bunt wie ihr Geschmack: sprechende Namen, die mir sagen, dass das Leben alles ist, aber niemals eintönig.

Ich muss an die Kräuterbüschel denken, als ich in einem sogenannten Apothekergarten in meiner Stadt stehe. Ich bin da so hineingestolpert auf der Suche nach einem Ort, an dem einen niemand weinen sieht, das ist gar nicht so leicht. In meinem Herzen war es schwer, ich hinterfragte alles und jeden, die letzten Entscheidungen, ja sogar das, was ich mir so gewünscht hatte. Ich war überfordert von den vielen Tellern und Schüsseln, die mir das Leben in den letzten Tagen auf den Tisch geknallt hatte. Zu viel Bitteres, zu viel Unbekanntes, dazu Eingemachtes in Gläsern, das ich vielleicht lieber nicht probiert hätte.

»Wermut«, stand da auf einem kleinen handgeschriebenen Schildchen, das in der Erde steckte. Ich musste ungewollt lächeln. Ja genau, so fühle ich mich. Wehmütig-wermutig, irgendwas dazwischen. Daneben steckte Lavendel und ich dachte an die Wärme dieses Dufts, wie er damals in kleinen rosafarbenen Stoffsäckchen in meiner Wäscheschublade gelegen hatte. Beim Rittersporn straffe ich unwillkürlich meine Schultern, und eine Zaubernuss ... ja, die hätte ich jetzt auch gerne. Sie versprechen mir Wunder, all diese Kräuter. Heilungswunder und Lebenswunder. Vielleicht sagt die Legende deshalb, dass es geduftet habe, als Maria, die Mutter Jesu, damals ihren Weg in den Himmel gefunden hatte. Sie, die wundersame Frau, die in der katholischen Tradition für all die Wunder zuständig ist, die unsere eigenen Vorstellungen und unsere Kraft übersteigen. Unsere Sehnsüchte duften, meistens wissen nur wir selbst genau, wonach.

Maria Würzweih, Büschelfrauentag, so nennt man Mariä Himmelfahrt im Volksmund. Das Leben in ganzen Büscheln, in ganzer Würze, manchmal ist es mir zu viel, und gleichzeitig geht es nicht anders: Ich will die Rosmarinkartoffeln neben den Zucchini mit Thymian, ich will das Blütensalz auf meinem Butterbrot, ich will alles. Und ja, dann gehört auch alles dazu. Die bittere Schafgarbe, der Frauenmanteltee und das Eisenkraut, wenn mein Unterleib schmerzt, jeden Monat wieder. Das war damals angeblich die Strafe bei der Vertreibung aus dem Paradies: Adam sollte hart arbeiten auf dem Feld, Eva sollte unter Schmerzen gebären und jeden Monat eine Ahnung davon bekommen, wie weh es tut, wenn das Innerste sich zusammenzieht.

Das Innerste tut weh, immer wieder. Und auch sonst: Manchmal ist das Leben einfach zu viel auf einmal. Soll das wirklich Gottes Strafe sein? Für das Sehnen nach dem prallen, vollen Leben, strahlend rot wie ein Apfel am Baum der Erkenntnis, nach dem Adam und Eva sich ausgestreckt haben, weil sie sich ein Leben im Paradies ohne das Mehr nicht vorstellen konnten? Das Mehr, das hinter den geschenkten, erlaubten Früchten liegt. Hinter dem fließenden Wasser und der klaren Luft, den summenden Blüten. Das Mehr, das das Leben ist. Da, wo es wehtut, weil wir fühlen, versuchen, enttäuscht werden.

»Weißt Du, Adam, es muss noch mehr geben«, sagte Eva. »Ja, ich glaube auch«, sagte er. »Es ist alles so perfekt, ich spür' fast nichts.« Sie haben zugegriffen – und sind in hohem Bogen aus dem Paradies geflogen. Sind da gelandet, wo wir inzwischen alle irgendwie angekommen sind. Dort, wo nicht alles gut ist, aber alles besser werden könnte. Wo es den perfekten Moment für innen noch flüssigen Schokoladenkuchen gibt, aber auch die fünf Minuten, in denen er leider oben schwarz wird. Wir nennen dieses Leben Alltag, aber eigentlich ist es doch alles andere als das: Immer ein bisschen zu viel von allem, immer alle Gewürze und Gefühle auf einmal.

Die Patinnen für dieses »immer ein bisschen zu viel« sind Eva und Maria. Die, die das Mehr gesehen hat, und die, die zu mehr bestimmt war, als sie dachte. Zu Eva gehört der Apfel und sie hat es wirklich nicht leicht gehabt in den letzten Jahrhunderten. Zu Maria gehören der Rosenkranz, die unbefleckte Empfängnis, der marienblaue Umhang und Altötting, Fatima und ein strahlender Feiertag mitten im August. Eigentlich nicht ganz fair. Aber während ich da so in diesem blühenden und summenden Apothekergarten mitten in der Stadt stehe und über den Wermut und den Lavendel nachdenke, spüre ich auch dieses Mehr, für das die beiden stehen. Ich denke an den Geschmack des Lebens im Sommer, abends, wenn gegrillt wird, und nachts, wenn es langsam kühler wird. Ich bin froh, dass die beiden so mutig waren, dieses Mehr im Leben in die Hand zu nehmen.

Ich werfe eine Handvoll Rosmarin über die Kartoffeln und lege Gott mein volles Leben ans Herz, das zarte, flüssige und das verbrannte. Liebe Maria, komm, setz Dich zu mir, wir feiern, wie das Leben schmeckt!

HERZENS-HERBARIUM

🌿 Du brauchst dazu Stifte, Papier, evtl. Schere, Kleber und alte Magazine oder Zeitungen.

🌿 Stell dir vor, es wäre ein Kraut für deine Sehnsucht und eins gegen deinen Schmerz gewachsen. In welchen Gegenden wären sie zu finden? Und wie sähen diese Kräuter aus? Ihre Blüten und Stiele, Wurzeln und Blätter? Wonach würden sie riechen? Wären sie zum Verzehr geeignet oder zur äußeren Anwendung, für Herz oder Haut? Wie würden sie zubereitet und genutzt?

🌿 Schreibe jeweils zehn Minuten lang über eines oder jedes der beiden Kräuter in der Art eines Herbariums. Wenn du magst, lege dazu eine Zeichnung oder eine Collage an.

Der Feiertag, der einfach so im Sommer da ist

Ich liebe diesen Moment. Irgendwann kommt er. Irgendwann im Lauf des Urlaubs. Ungefähr dann, nachdem ich zehn Tage lang ein bisschen ungläubig beobachtet habe, was man in seiner freien Zeit alles machen kann. Wie lang die Tage sind. Wie gut meine Marmeladensemmel schmeckt, wenn ich noch einen zweiten Kaffee dazu trinken kann. Wie schön es ist, meinen Kindern ein Buch vorzulesen, wenn ich danach nicht gleich zum nächsten Termin muss. Ich begreife so langsam wieder, dass ich mehr bin: Ich bin mehr als das, was ich in meinem Beruf täglich gebe, obwohl mein Beruf so vielfältig ist. Ich bin mehr. Ich stecke mir jede Heidelbeere einzeln in den Mund. Ich stehe in einer Kirche mitten in Berlin und kaufe ein Glas Stadthonig. Bekomme einen Apfel geschenkt. Daneben steht ein Schild»Gratis. Wie die Liebe Gottes«.

Wenn ich also in genau dieser Urlaubsstimmung angekommen bin, dann kommt er irgendwann, der Moment, in dem ich mein kleines Büchlein aus der Handtasche krame und finde, irgendwo zwischen Sonnencreme und Reiseführer. Im Café leihe ich mir von der Kellnerin einen Kugelschreiber und fange an zu schreiben. Überschrift:»Was ich zu Hause alles machen will«. Darunter steht:»Ein Tablett aus Holz für das Frühstück im Garten auf dem Flohmarkt suchen. Heidelbeeren essen. Viele! Zeitschriften im Bett lesen, aber keine Fachliteratur! Natron besorgen und selbst Putzmittel herstellen. Schöne Notizzettel.

Schwiegermutter bitten, einen Beutel für Brot zu nähen, damit ich keine Papiertüten mehr verschwende. Buchstabenstempel kaufen. Stempeln. Goldenen Nagellack.«

Der Moment im Urlaub, wenn ich eine solche Liste schreibe, ist wunderbar. Weil ich dann wie aus der Adlerperspektive auf mein Leben schaue. Ich sehe meinen Alltag zwischen Frühstück, Arbeit und Ins-Bett-Fallen. Ich merke, was mir in diesem Alltag fehlt. Aber vor allem sehe ich, was ich an ihm so liebe: dass ich mich in meinem Beruf frei entfalten kann. Dass ich in der privilegierten Lage bin, mir genau das zu essen kaufen zu können, worauf ich Lust habe. Dass ich eine Familie habe, in der man sich hilft und unterstützt.

Mitten in diesem Urlaubsmoment bin ich erfüllt vom Glück, mein Leben leben zu dürfen, genau meines. Nicht, dass es darin nichts gäbe, was mich belastet. Zweifel und Unsicherheit. Entscheidungen, die mir im Magen liegen. Und Sorgen, die auch der goldene Nagellack nicht überstreichen kann. All das ist da. Und trotzdem: Ich bin mit Leben beschenkt. Ich öffne meine Arme und meine Augen für mein Leben. Ich umarme es, blicke ihm fest in die Augen. Meine Seele flüstert leise und unaufgefordert: »Danke. Danke Gott, dass Du mir die Liebe in den Schoß fallen lässt. Danke, denn ich brauche mich nicht zu fürchten. Danke, denn ich bin umfangen von einem Leben, das ich mir nicht selbst verdanke.«

Der nachtblaue Himmel. Mein Blick nach oben. Ich schreibe Wort für Wort, worauf ich mich freue. Ich schreibe Wort für Wort, woran mein Herz hängt. Und während ich schreibe, lacht es in mir und ich fühle, dass ich leichter bin, als ich denke.

Mein Herz ist leicht, wenn ich Danke sage. Es braucht keine »Dankbarkeitsmeditation« dafür und keine leicht moralische Aufforderung, doch dankbar zu sein für das, was man hat. Das

Danke geht Hand in Hand mit dem Leichtsein. Es spaziert auf einem Feldweg, nein, es hüpft vielmehr. Es braucht nicht viel Kraft und erst recht keinen Druck. Die Gnade läuft ihm vorweg. Die Gnade, die Liebe meines Gottes zu mir. Sie lächelt. Sie schaut meine »Nach-dem-Urlaub-will-ich«-Liste an und sagt: »Oh ja, das machen wir! Vielleicht nicht alles auf einmal. Aber wir machen es.« Die Gnade zieht mich an sich und sagt: »Du bist beschenkt.« Und ich? Ich flüstere ganz leise: »Danke!«

Pläne machen, Teil 2

SEPTEMBER

(Weil im September irgendwie auch so
eine Anfangszeit beginnt)

»Ich habe das Gefühl, ich müsste wissen, wo ich hinwill. Wo
ich meine Prioritäten setzen muss, wo ich investieren sollte.
Bisher habe ich immer alles so improvisiert im Leben, ein
bisschen nach Lust und Laune. Und wenn irgendwo eine Tür
aufgegangen ist, bin ich eben durchgegangen. Und wenn was
fertig werden musste, habe ich mich zusammengerissen und
es durchgezogen. Bis jetzt hat das gut geklappt. Aber jetzt
habe ich zwei Kinder, einen Beruf, einen Mann und ein Pro-
jekt, von dem ich nicht weiß, ob das noch ein Hobby ist oder
schon ein Lebenstraum. Ich glaube, ich brauche mal einen
Jahresplan.«

Eigentlich sagt meine Freundin damit: »Ich glaube, ich
brauche mal einen Lebensplan.« Ich denk mir: »Ja, ich auch, so
was von!« Und Antworten bräuchte ich. Und Haken an meine
Überlegungen. Reicht das? Check. Ist das die beste Option?
Check. Es geht nicht nur um berufliche Fragen, aber auch und
vielleicht sogar vor allem. Es geht um den Bereich unseres Lebens, von dem wir denken, er ließe sich nicht allein nach Bauchgefühl leben, sondern es bräuchte Strategien, Ziele, Maßstäbe,
Risiken und Nutzen und Kosten natürlich auch. Vielleicht sind
wir in unseren Liebesbeziehungen oder in den Beziehungen zu

unseren Kindern da sogar schon weiter. Da passt das Bauchgefühl irgendwie eher hin. Ratgeber-Bücher, Instagram-Posts und Blogs und Podcasts gibt es dazu auch mehr, als wir je lesen und hören könnten. Irgendwann hat man da so ungefähr den eigenen Dreh raus oder weiß zumindest, wie es sich drehen sollte, und dann wurstelt man sich durch. Jeder von uns ist klar: Die eine, richtige, beste Lösung für unsere Beziehungen gibt es nicht. Es gibt höchstens Tiefkühlpizza, Saugroboter, Gin-Tonic-Dates auf der Couch oder endlich eine Badewanne ganz allein. Das sind alles keine Lösungen, sondern eher so etwas wie Resilienzhilfen oder ganz einfach gesagt Notfallhilfen, um nicht durchzudrehen.

Auf jeden Fall wissen wir meistens: Wir machen es eben irgendwie und besser geht es gerade nicht. Beim Rest unseres Lebens, dem wir jetzt mal die Überschrift »Beruf« geben, ist das anders. Denn eigentlich heißt die Überschrift da »Das Beste rausholen/mein Potenzial nutzen/es hinkriegen/nicht die falsche Entscheidung treffen«. Mir wird schon beim Aufschreiben ganz schlecht. Aber ich weiß, dass meine Freundin und ich damit nicht allein sind. Wir sind viele. Die, die genug Geld und Gleichberechtigung und Bildung haben, um über so etwas wie Karriere überhaupt nachzudenken, Frauen (und Männer, aber da ist es wieder ein bisschen anders), die schon Kinder haben oder noch nicht oder überhaupt keine wollen oder kriegen – und ja, das Kinderthema ist da, auch wenn es nicht da ist, denn unsere Gesellschaft lässt es uns nicht vergessen. Wir fragen uns, wohin. Wohin vielleicht lieber später. Kleben uns in Gedanken ein Arbeitsleben zusammen, das mit Klebstreifen und Büroklammern hoffentlich gut hält, auch wenn man an den Kanten ein bisschen was abschneiden muss. Dann schütteln wir es hin und her, ob es hält, und seufzen kurz auf, weil wir uns fragen, ob es an der sprichwörtlichen Supermarktkasse nicht einfacher wäre, weil wir uns wenigstens das nicht fragen müssten.

Ganz ehrlich: Ich weiß es nicht, ob es da einfacher ist, an der Kasse oder hinter der Theke beim Bäcker. Da habe ich zwar auch mal gestanden, aber nur als Ferienjob, um mein Studium zu finanzieren. Ich kam mir da komisch vor. Und gleichzeitig dachte ich: Ich habe etwas getan, was nötig war, ich habe Brezen verkauft. Vorher Salz draufgestreut. Außerdem Brötchen belegt, Johannisbeerkuchen geschnitten, Milch geschäumt. Während meine Hände beschäftigt waren, gingen meine Gedanken spazieren. Abends taten mir die Beine weh.

Ich glaube, die meisten Menschen machen sich Gedanken darüber, wo sie gerade stehen und wo sie hinwollen. Oder definitiv nicht hinwollen. Ob sie am richtigen Ort sind: in ihrer Beziehung, an ihrem Schreibtisch, zwischen ihren Kindern. Man kann das Zweifeln nennen. Oder Unsicherheit.

Ich habe mich irgendwann entschieden: Ich nenne es Leben. Sehnsucht ist nichts, was man abstellen muss. (Neid übrigens auch nicht.) Aber (und ich kann das nur schreiben, aber nicht selbst leben): Die Frage, wo es hingeht, ist keine, die eine Antwort braucht, sondern eine, die gestellt werden muss. Sobald man sie sich verbietet, gerät das Leben unter Druck. Unter Beweislast. Denn wir stellen sie uns dann heimlich und beantworten sie mit Richtigkeiten: Wer A sagt, muss auch B sagen, natürlich ziehst du das durch, du hast es doch so gewollt, woanders gibt es auch Probleme. Diese Antworten, die uns eigentlich nur selbst ruhigstellen sollen, sind weder für Beziehungen noch für unser Berufsleben hilfreich.

Manchmal sind wir auch mutig und stellen uns die Frage ganz offen: Was will ich eigentlich machen? Wir buchen ein Coaching, eine Beratung, eine Lebenshilfe. Zweifellos eine sehr gute Sache. Vor allem, wenn man konkrete Fragen hat, Optionen und den Wald vor lauter Bäumen schon nicht mehr sieht. Meistens gibt es aber gar keine Bäume und keine Optionen, sondern eben dieses diffuse Gefühl der offenen Enden. Geschichten über sich selbst, die man gern weitererzählen würde. Mit einer leisen Ahnung, bei der es sich mal wärmer, mal kälter anfühlt, wie beim Kindergeburtstag mit verbundenen Augen. Nur haben wir keinen Kochlöffel in der Hand und es gibt keinen Topf, unter dem der Schatz liegt. Wir hätten gern, dass es irgendwo blechern scheppert und wir dann die Gummibärchen finden. Den Schatz. Das Richtige. Um anzukommen, sich den Schal von den Augen zu reißen und zu rufen »Ich hab's!« Denn wir wollen Eindeutigkeit, Klarheit. Und so manche von uns hat schon mal vorschnell eine wichtige Entscheidung getroffen, nur damit sie endlich gefallen ist. Abgehakt und erledigt.

Vielleicht steht hinter der Sehnsucht nach dem Richtigen auch die leise innere Überzeugung, dass es dieses eine geben muss, damit man das Leben »richtig« gelebt hat, das Fleißbildchen bekommt, volle Punktzahl erreicht. Dabei würden wir doch jedem, der behauptet, dass das geht, widersprechen. Wir würden sagen: Darum geht es doch im Leben nicht, es geht doch um – ja, genau, um was denn? Da ist sie, die Sinnfrage. Vielleicht braucht auch diese Frage keine Antwort, sondern muss gestellt werden dürfen. Von Dir. Für Dich. Von mir. Für mich. Vielleicht habe ich mehrere Antworten darauf, verschiedene nacheinander.

Vielleicht sind manchmal Tiefkühlpizza, Saugroboter, Gin-Tonic-Dates auf der Couch oder endlich eine Badewanne ganz allein ja der beste Weg, um meinen Sinn zu finden, weil ich mir gönne, was ich will, nicht versage, was ich brauche. Weil ich mich traue, mir die besten Antworten zu geben, die ich jetzt, heute, hier um 14:37 Uhr gerade finde. Ich bin nicht eindeutig, sicher nicht. So wie das Leben es nicht ist. So wie Gott es nicht ist. Sogar von dem sagt man, er sei zu dritt. Dreieinig.

Dreieinig heißt für mich: Es muss nicht immer alles sein und nicht alles zusammenpassen und nicht alles jetzt sein und manches verstehe ich erst später und die anderen wissen es auch nicht besser als ich, ganz sicher nicht. Das passt zu Gott, das passt zu meinen Zweifeln. Es passt allerdings nicht in einen Jahresplan. Außer vielleicht, man schreibt sich diesen Satz jetzt im September ganz vorne auf die erste Seite.

Die Waffen nieder

»Aber heute fürchte ich nichts, heute zeige ich mich freimütig, schutzlos dem Tag, mache die Demutsgebärde des angegriffenen, schwächeren Wolfs, zwinge den Übermächtigen zur Großmut und wage, mich zu freuen, weil der Morgen frisch und bitter riecht, weil der Himmel makellos ist, weil eine späte rote Rose aufgeblüht ist am schon verdorrenden Busch, weil ich den Tod nicht scheue, weil ich lebe, weil ich auf eine Art lebe, die nur ich weiß und kann, ein Leben unter Milliarden, aber das meine, das etwas sagt, was kein anderes sagen kann. Das Einmalige eines jeden Lebens. Es macht heiter, zu wissen, dass jeder Recht hat mit sich selbst.«
Luise Rinser, Septembertag (Auszug)

Dieser Text von Luise Rinser hängt in meinem Flur, schon jahrelang und in unterschiedlichen Wohnungen. Ich möchte ihn am liebsten auswendig können, aber das gelingt mir nicht, obwohl ich ihn mitsprechen kann. Jeder einzelne Satz eine Herausforderung für das Leben, das ich führe. Ich nenne den Text für mich »Die Waffen nieder« nach dem berühmten Manifest der Friedensaktivistin Bertha von Suttner. Weil die Angst vom Kämpfen kommt. Sie entsteht aus dem Versuch, sich zu wehren, sich größer und stärker zu machen, als man ist.

In der Bibel steht ganz hinten im allerletzten Buch die Geschichte eines Kampfes: Der Erzengel Michael, der oberste aller Engel, kämpft gegen das Böse. Das Böse ist ein Drache, »groß und *feuerrot, mit sieben Köpfen und zehn Hörnern und mit sieben Diademen auf seinen Köpfen. Sein Schwanz fegte ein Drittel der Sterne vom Himmel und warf sie auf die Erde herab. Der Drache stand vor der Frau, die gebären sollte; er wollte ihr Kind verschlingen, sobald es geboren war«* (Offenbarung des Johannes, Kap. 12, V. 3–4).

Der Michaelis-Tag ist am 29. September, der auch der Namenstag aller Michaels ist. (Namenstage haben allerdings in der evangelischen Kirche keine Bedeutung.) Michael kommt aber schon in den heiligen Schriften des Judentums vor, auch dort ist er ein Verteidiger des Volkes Israel. Im Jahr 955, nach der Schlacht auf dem Lechfeld, vereinnahmte man den Engel für das Gute als Schutzpatron des Heiligen Römischen Reichs. Als solcher ist er auch in vielen katholischen Kirchen abgebildet, immer erkennbar an dem Schwert in seiner Hand.

Ein Drittel der Sterne, sodass es dunkel wird. Eine wehrlose Frau, von Schmerzen durchdrungen. Ein Neugeborenes, das mit dem Tod bedroht wird – so ist es, wenn das Böse die Macht übernimmt. Michael versucht, dagegen anzukämpfen: *»Da entbrannte im Himmel ein Kampf; Michael und seine Engel erhoben sich, um mit dem Drachen zu kämpfen. Der Drache und seine Engel kämpften, aber sie hielten nicht stand und sie verloren ihren Platz im Himmel«* (Offenbarung des Johannes, Kap. 12, V. 7–8).

Sie verloren ihren Platz im Himmel. Sie verlieren nicht ihre Kraft, aber sie stürzen herab aus dem Himmel als dem Ort, wo die Macht über die Welt bestimmt wird. Das schaffte der Erzengel Michael, er verteidigte den Platz Gottes. »Wer ist wie Gott?« heißt sein Name übersetzt aus dem Hebräischen. Eine drängende Frage, für deren Verstehen ich ein bisschen gebraucht habe. Ist es eine rhetorische Frage? Eine, die ihre Antwort schon kennt? Niemand. Niemand ist wie Gott. Aber ich glaube, es ist keine rein rhetorische Frage, sondern eine, die ich mir immer wieder stellen muss: Wer schwingt sich auf in den Himmel, um die Sterne wegzufegen? Wer speit Feuer und hat sieben Köpfe? Wer versucht, sich die Macht von Himmel und Erde zu sichern? Michaels Name ist eine Mahnung. Und ein Mut-Satz: Vergiss nicht, sie sind nicht Gott. Sie haben keine Macht über Dein Leben. Ich stehe hier neben Dir, mein Schwert halte ich fest, damit Du keines führen musst.

Denn wer ist wie Gott? Wer kann unsere Kämpfe schon austragen? Wer kann das Wissen um Gut und Böse bis zum Schluss durchhalten? Wer sollte das schon schaffen? Wir müssen es nicht. Niemand verlangt von uns, zu kämpfen. Wir leben, auf eine Art, die nur wir selbst wissen und können. Jedes Leben sagt etwas, was kein anderes sagen kann. Das ist kein Kampf. Das ist ein festes, starkes Sein. Es bedeutet nicht Unterwerfung, nicht falsche Scham, nicht, sich auf einen Platz weisen zu lassen. Den Frieden mit sich selbst zu suchen, kostet Mut. Eine Suche ohne Kampf, deren letzte Lösung nicht der Krieg ist. Leg Deine Waffen nieder. Deine Skepsis, Deine Habachtstellung. Halte die Leerstelle aus, wo der Krieg anfangen würde.

Ob das nur Menschen können, die in Sicherheit leben, die nicht um ihr Leben fürchten müssen? Ich glaube nicht. Ich glaube, der Kampf, den wir gegen die Welt führen, ist keiner, den man gewinnen muss, um zu überleben. Gottes Friede, von dem in der Bibel so oft die Rede ist, ist nicht das Ende, auf das hin wir uns durchkämpfen müssen. Er muss der Anfang sein. Der Friede, in den wir hineingestellt sind, wo unsere Seele schutzlos und furchtlos ist. »So zwinge ich den Übermächtigen zur Großmut.« So weise ich den Drachen in seine Schranken. Ohne Waffen und ohne zu verlieren.

Kann mich irgendjemand hör'n?
LILLITH JULIE JONAH

Hör auf zu kämpfen. Heute und für jetzt. Leg Deine Waffen nieder. Die, die Du gegen Dich richtest. Beende Deinen Krieg, vielleicht nur auf Probe. Und vielleicht bleibst Du dort. Im Frieden.

Du fragst, wo das ist? Wo das sein soll, Dein Kampf? Da, wo wir kämpfen, sind wir in Habachtstellung. Wachsam. Wollen keine Fehler machen. Oder achten genau auf die vermeintlichen Fehler der anderen. Wo ist das bei Dir so in Deinem Leben?

Du fragst, wo das ist, Dein Frieden? Er fühlt sich gut an. Ruhig und sicher. Manchmal trauen wir ihm nicht. Dann ziehen wir heimlich wieder zurück in den Kampf.

Gegen was kämpfst Du?

Und wie sähe genau dort, wo Du kämpfst,
Dein Frieden aus?

29. September, Michaelis

Mehr als ich gesät habe

ERNTEDANK

Es gibt eigentlich keinen Sonntag, an dem ich weniger gern in die Kirche gehe als an Erntedank. Es ist mir zu viel. Zu viel Überfluss, zu viele Ähren, Kartoffelsäcke, Salatköpfe und Maiskolben mit langen braunen Blättern. Dazwischen stehen Mehl- und Nudelpackungen. Ich bekomme das Gefühl, alle Menschen im Gottesdienst wären direkt vom Feld und den Ställen in die Kirche gekommen. Warum sonst stünden da Heuballen, orange leuchtende Kürbisse und manchmal sogar noch eine Schubkarre zur Dekoration.

Ja, vielleicht ist es das: Mich stört diese Dekoration, die zu verbergen scheint, wo uns das Ernten wirklich viel Mühe macht. Nämlich nicht auf dem Weizenfeld, sondern auf den unabgegrenzten Feldern unseres Lebens. Dort säen und ernten wir. Dort stehen wir manchmal fassungslos vor den Früchten unserer harten Arbeit. Wir ernten Liebe, Lob, Familienzusammenhalt, Gesundheit, aber auch Schmerzen, Tränen und Enttäuschung. Und müssen damit umgehen, dass wir nicht alles davon auch bewusst und gewollt gesät haben: Manches ist trotzdem anders gekommen als gedacht, wieder anderes kam unverhofft und lässt uns enttäuscht zurück.

Selbst der beste Gärtner und die beste Gärtnerin haben keine Garantie dafür, dass alles, was sie gesät haben, gedeihen wird: Vielleicht regnet es zu viel oder zu wenig, vielleicht finden kleine Tierchen das Gemüse schneller als wir. Auf dem

Feld ist es die Natur – und in unserem Leben? Das Schicksal? Gott? Zufall? Manchmal haben wir das Gefühl, reich beschenkt zu werden vom Leben, ganz ohne Anstrengung, ohne Rückenschmerzen beim Säen und Unkrautjäten. Anderes muss ich mir hart erarbeiten, bis mir der Dreck unter den Fingernägeln klebt. Manchmal säen wir mit Tränen und ernten mit Freuden (Psalm 126,5–6). Bei mancher Ernte durchfließt uns Dankbarkeit wie das goldene Herbstlicht, weil wir dieses Glück nicht gesät haben, ja nicht einmal erahnen konnten.

Erntedank ist mehr als Kürbisse vor dem Altar. Erntedank ist eigentlich eine Lebensaufgabe. Denn nichts ist schlimmer als verordnete Dankbarkeit, die man doch jetzt bitte fühlen soll. Und nichts ist schöner als das warme Gefühl, das einen durchströmt, wenn man von Herzen dankbar ist für das Leben.

Einmal habe ich einen Menschen beerdigt, ich nenne ihn hier Victor, er stammte aus Russland. Wie so viele seiner Generation hatte er zu Hause einen Selbstversorgergarten. Später in Deutschland hat er dann vor allem Gedichte geschrieben. Eines hieß »Drei Pellkartoffeln«. Darin heißt es: »Und ich will jetzt mehr ernten, als ich gesät habe.« Mehr ernten, als er gesät hat. Victor, Dir ist es gelungen, habe ich gedacht, als ich vor Deiner großen Familie stand, die sich mit so viel Liebe an Dich erinnert hat.

Das will ich auch: mehr ernten, als ich gesät habe. Ist das vermessen? Ich glaube nicht, im Gegenteil. Ich glaube, es ist das, wofür ich am meisten dankbar bin in meinem Leben. Das Unverdiente, das, was ich nicht erarbeitet, aber so sehr ersehnt habe. Ich bin so dankbar dafür.

Danke, mein Kind,
dass Du auf dem Weg ins Klassenzimmer noch mal umdrehst
und mir einen Kuss gibst,
wo das doch so peinlich ist.

Danke für den Moment,
in dem mir die Kraft ausgeht und Du, liebe Freundin,
einfach nicht weggehst.

Danke, liebe Kirchen,
dass ihr offen seid und kalt und hoch
und Euch die Kerzen nie ausgehen.

Danke Gott,
dass Du mir Sonne, Seen und Weite schenkst,
wenn ich es am meisten brauche.

Nichts davon habe ich gesät.
Nichts davon liegt vor dem Altar.
Nur mein Herz, das leg ich da heute hin.
Mein Herz, das trotz der unerreichten Ziele
und verhagelten Ernten
so erfüllt und dankbar ist.

Der Richter in mir

Insgeheim war ich sicher, gleich würde mich der Blitz treffen. Oder zumindest würden mir die Schnürsenkel reißen, der Bus davonfahren oder das Käsebrötchen runterfallen. Ich wartete auf meine gerechte Strafe. Ich hatte lange hin und her überlegt, was ich tun sollte, und mich schließlich dafür entschieden, meinem Gefühl zu folgen. Gleichzeitig spürte ich so etwas wie eine moralische Übermacht: Das darfst Du nicht! Andere, Menschen, deren Meinung mir wichtig ist, werden sagen, es ist falsch! Menschen, die ich schätze. Ich fürchtete mich insgeheim vor ihrem Urteil. Sie schienen über mir zu schweben wie ein – ja, wie ein innerer Gerichtshof. Wie ein Tribunal, das über mich richtet. Sie würden die Köpfe zusammenstecken – silbergraue Locken trugen sie jetzt alle und richterlich schwarze Roben – und dann ihr Urteil über mich fällen. Mit gesenktem Kopf würde ich es entgegennehmen und dann ...

Stopp! Es gibt keinen Gerichtssaal. Ich breche kein Gesetz. Ich bin ein freier Mensch und durchaus in der Lage, eigene Entscheidungen zu treffen und die Konsequenzen zu tragen, sie vor mir selbst zu verantworten. Aber genau hier hatte mein Kopfkino ja vorher angesetzt: Ich hatte das Gefühl, ich müsste meine Entscheidung nicht nur vor mir selbst, sondern auch vor anderen verantworten, und ich fühlte mich deshalb angeklagt. Aber vor wem? Wer war meine Klägerin und wer mein Richter?

Wer waren die Staatsanwältinnen und all die Menschen im Gerichtssaal?

Liest man etwas über die Rechtfertigungslehre Martin Luthers, dann steht meistens schon im ersten Absatz etwas wie: »Das mittelalterliche Weltbild war sehr vom Gerichtsgedanken geprägt, was für den modernen Menschen nur noch schwer nachvollziehbar ist.« Luthers Frage nach einem »gerechten Gott« sei in diesem Zusammenhang zu verstehen und es bedürfe einer guten Übersetzungsleistung, um zu verstehen, was mit der Gnade Gottes und seiner Gerechtigkeit heute gemeint sei. Wirklich? Sollte ich die Einzige sein, die ein solch inneres Tribunal kennt? Die die Urteile anderer fürchtet und sich fragt, was wohl die Mutter, der geschätzte Kollege oder die beste Freundin zu meiner Entscheidung sagen würden? Ich kann es mir nicht vorstellen. So wie wir andere für das, was sie tun, mitunter verurteilen, so wie wir auf andere mit einem richtenden Blick schauen, obwohl wir wissen, dass unsere Urteile eigentlich nicht auf Gewissheiten, sondern nur auf Vermutungen basieren, genauso richten wir auch über uns. Wir hinterfragen uns, prüfen das, was wir Gewissen nennen. Ist unser Gewissen also zu dem Ort geworden, den die Menschen früher als Gericht am Ende ihrer Zeit gefürchtet haben? Ist unser schlechtes Gewissen das neue Fegefeuer? Und ist diese Vorstellung dann nicht sogar noch viel grausamer, weil sie nicht erst mit dem Tod auf uns wartet, sondern wir das Gericht jeden Tag mit uns herumtragen, ihm nicht entfliehen können?

Vielleicht haben wir das Gericht vom Himmel auf die Erde geholt. Aber: Damit haben wir es auch aus Gottes Hand genommen und ganz in unsere Macht gestellt. Das Tribunal besteht aus mir selbst und meinem eigenen Gerechtigkeitsempfinden, aus meinen moralischen Überzeugungen, aus den Haltungen meiner Freunde, aus den Sichtweisen meiner Eltern, meiner Lebensgefährtin. Wir erzittern nicht aus Angst vor dem Gericht Gottes und der Zuweisung ins Höllenreich. Wir befürchten die Strafe nicht im Jenseits, sondern jetzt gleich. Gleichzeitig leben wir auch mit der stillen Gewissheit, wir könnten durch unser »gutes Leben« alles Schlechte, Böse, Schwere von uns fernhalten. Mitten in der Machtlosigkeit, in die uns eine Krankheit oder der Verlust eines geliebten Menschen stürzt, trifft uns dann die Frage: Was habe ich getan, dass mir so etwas zustößt?

Dieser Gedanke wiederum begegnet uns schon in den Schriften des Alten Testaments. Unter anderem in der sogenannten Weisheitsliteratur wie dem Buch Kohelet und in der Geschichte über Hiob steht daher der später sogenannte Tun-Ergehen-Zusammenhang immer wieder im Vordergrund:»Vergilt« Gott mir meine Taten, im Guten wie im Schlechten? Gibt es Strafen Gottes für sein Volk oder den Einzelnen? Belohnt er Menschen für ein Verhalten, das ihm gefällt?

Solche Fragen irritieren uns vielleicht auf den ersten Blick, aber eigentlich stellen wir sie uns selbst auch, nur mit anderen Vorzeichen: Kann ich etwas zum Gelingen meines Lebens beitragen? Bin ich meinem Schicksal ausgeliefert oder kann ich es beeinflussen? Der »liebe Gott« kommt zwar in diesen Sätzen nicht vor, aber die Frage bleibt dieselbe.

Auch wenn wir heute weniger von gesellschaftlichen Strukturen oder von den Vorstellungen unserer Eltern abhängig sind als die Generationen vor uns – den Druck des zu gelingenden Lebens spüren wir dadurch umso mehr. Ich habe mein Glück selbst in der Hand. Meine Leistung, mein Fleiß, mein Engagement für eine bessere Welt, meine Sorge um meine Kinder, all das bestimmt mein Glück, all das macht mein Leben zu einem gelungenen Leben. Ich fürchte nicht die Hölle am Ende meiner Tage. Ich fürchte sie jetzt und hier. Ich fürchte mich vor den Konsequenzen einer vermeintlich falschen Entscheidung, vor dem finanziellen und sozialen Abseits, vor dem Verlust meiner gesellschaftlichen Stellung, vor dem Zerbrechen meiner Beziehungen. Unsere Angst, das eigene Glück zu riskieren, das Leben in die falsche Richtung zu lenken, wo wir doch ganz allein dafür verantwortlich sind – das kann die Hölle sein. Und das Jüngste Gericht erwarten wir dadurch nicht erst am Ende unseres Lebens, sondern glauben, es schon nächste Woche erleiden zu müssen: Dann müssen wir die Konsequenzen unserer Entscheidungen tragen. Wer A sagt, muss auch B sagen – das Gerichtsurteil des freien Menschen.

Die Vorstellung, ein Petrus an der Himmelstür würde darüber entscheiden, ob es nach links in die Hölle oder nach rechts in den Himmel und an die Seite Gottes geht, ist heute lediglich Gegenstand von Witzen über lächerliche Politiker. Auch die katholische Vorstellung des Fegefeuers als Ort der Reinigung von den Sünden und Läuterung des Menschen vor seinem Eintritt in den Himmel treibt nur noch wenige Menschen um. Wir warten nicht mehr auf das Gericht, aber wir erleben es Tag für Tag – in unserem Herzen, in unserem Kopf, in den Zeitungen, die das Fehlverhalten von erfolgssüchtigen Politikern, morallosen Bankvorständen und rücksichtslosen Umweltsündern geißeln.

Was ist also mit diesem Satz aus dem Glaubensbekenntnis: »... von dort wird er kommen, zu richten die Lebenden und die Toten«? Eigentlich hat Jesus Christus in unseren Gerichtsvorstellungen keinen Platz. Eigentlich haben wir ihm diese Aufgabe schon abgenommen. Über uns muss niemand mehr richten, das übernehmen wir selbst. Unsere Sünden bekennen wir nicht vor Gott, sondern auf der Waage bei den Weight Watchers, vor der Lebensgefährtin, vor der Atmosfair-Ausgleichszahlung. Aber was wäre, wenn wir den Ball zurückspielen würden? Was wäre, wenn wir nicht mehr bereit wären, uns selbst und andere zu Klägerinnen und Richtern über unser Leben zu machen? Was wäre, wenn wir den Platz im Gerichtssaal räumen würden? Wenn wir ihn freimachen würden für den, der zum Verbrecher am Kreuz neben ihm sagt:»Heute noch wirst du mit mir im Paradies sein.« Ein Satz, der alle menschlichen Urteile aushebelt, der frei macht, schwerelos. Kein Für und Wider, kein»Wenn du jetzt bereust, dann ...!«. Ein Aussagesatz. Ein Gnadensatz. Was wäre, wenn das Gericht Gottes eines wäre, das den aufrichtet, dem das Recht genommen wurde? Wenn das Gericht ein Ort der Hoffnung wäre für die, deren Rechte und deren Würde man auf der Erde mit Füßen getreten hat? Das Gericht wäre dann ein Schritt ins Freie, ein Schritt heraus aus den Grenzen, die wir uns selbst auferlegt haben. Ein Frei-Werden. Ein Gesehen-Werden von dem, der uns zu sich gezogen hat vor lauter Güte (Jer 31,3). Der uns geliebt hat, schon im Mutterleib (Jes 49). Im Korintherbrief heißt es:»*Jetzt schauen wir in einen Spiegel und sehen nur rätselhafte Umrisse, dann aber schauen wir von Angesicht zu Angesicht. Jetzt ist mein Erkennen Stückwerk, dann aber werde ich durch und durch erkennen, so wie ich auch durch und durch erkannt worden bin*« (1. Brief an die Korinther, Kap. 13, V. 12). Der dunkle Spiegel, unsere eigenen Urteile und die der anderen über uns, wird uns sanft, aber bestimmt aus der Hand genommen. Anschauen werden wir uns selbst oder auch den, der für uns Mensch geworden ist, von dem es heißt, er habe alles auf sich genommen, damit wir erlöst sind.

Vielleicht kann unsere Sehnsucht nach dem wahren, echten, richtigen, glücklichen Leben mit dem Gedanken an diesen Spiegel ein Zuhause finden: Es gibt diesen wahren, richtigen Blick auf uns und unser Leben, den wir manchmal unsere Leben lang suchen. Es wird nicht unser Blick sein. Vielleicht wird er brennen und wehtun, stören und schmerzen. Aber er wird uns ansehen mit allem, was wir sind. Er wird Narben sehen und Ungesagtes hören. Schatten und helles Licht sehen. Und sagen: »Heut noch wirst du mit mir im Paradies sein.«

Allerorten heilige Orte

1. NOVEMBER, ALLERHEILIGEN

Als Kind hatte ich eine Angewohnheit, von der ich behaupte, dass sie einzigartig war: Wenn ich Zeit allein hatte, lief ich durch unsere Siedlung: an den Jungs vorne am Ende der Straße vorbei, über den Platz mit den Glascontainern, bog links ab und trat dann in das langgezogene, blassgelb gestrichene Gebäude auf der anderen Straßenseite. Hier gab es Wasserhähne, blank geputzte Spiegel, große Badewannen, kleine lindgrüne Seifenspender: ein Badezimmereinrichtungsgeschäft.

Bis heute frage ich mich, was das eigentlich dort zu suchen hatte, so hinter der Tankstelle an der Ausfallstraße, 300 Meter weiter der Friedhof, drumherum nur Mietskasernen. In keiner der Wohnungen dort wäre Platz für große Badewannen gewesen, in keiner von ihnen konnte man sich beim Einzug das Waschbecken aussuchen. Auch unser Bad war so klein, dass man darin am besten allein war. Aber ich glaube, das war nicht der Grund für meine regelmäßigen Besuche im Land der goldenen Wasserhähne. Für mich war es einer der Orte, die nur mir gehörten. Keiner kannte mich (vielleicht täusche ich mich auch und die Mitarbeiterinnen schmunzeln noch heute über dieses komische Kind), ich sah nur Schönes, Glänzendes, Sauberes und ich konnte einfach wieder gehen, wenn ich wollte. Wahrscheinlich sagte ich nichts, wenn ich wieder ging.

Ich hatte noch ein paar mehr solcher hellen, ja heiligen Orte: Im Winter habe ich mich unter den kleinen vom Schnee geduckten Nadelbäumen an unserer Einfahrt versteckt und durch die Lücken gelauscht, wer vorbeikam. Auf der Bank auf dem Friedhof saß ich inmitten von graulockigen Damen mit grünen Gießkannen.

Wo ist Dein Ort? Vor der Nähmaschine, zwischen den Fäden in Rot und den Knöpfen in Himmelblau? Zwischen den Kissen im letzten Winkel des eigentlich viel größeren Sofas? An der Terrassentür, da, wo die Schneeballfarbe vom letzten Winter nicht mehr abgeht? Vielleicht auch draußen, wo es rauscht auf der Autobahnbrücke? Einen heiligen Ort will ich, immer wieder. Einen, wo man mich nicht sieht, wo ich wieder gehen kann, wenn ich will. Einen, wo niemand mich und ich erst recht niemanden verstehen muss.

Heil mich, Du Ort, mach mich goldglänzend, nadelbaumhoffnungsgrün, grabsteingrauauferstehend. Mach mich ewiger, als ich es sein kann. Mach mich verletzlich und lass mich heilen.

Mein heiliger Ort als Kind:

. . . .

. . . .

. . . .

. . . .

Mein heiliger Ort heute:

....

....

....

....

ALLE HEILIGEN –
HEILIGES LEBEN

Bereits seit meiner Kindheit tickt am 1. November meine innere Uhr schon am Vormittag schier unüberhörbar laut. Eine Mischung aus Anspannung, Unruhe und vorauseilender Langeweile ergreift mich. Es ist Anfang November, es regnet, es ist kalt und spätestens um 13 Uhr werden wir alle am Friedhof stehen. Die Berge sind regenverhangen, an allen Gräbern stehen Menschen mit dunklen, langen Mänteln. Niemand redet, man weiß nicht einmal, ob man dürfte. Nach gefühlt tausend Minuten hört man einen knatternden Lautsprecher, Bläser. Ein Mann mit weißem Umhang geht gediegen langsam auf dem Kiesweg zwischen den Gräbern vorbei, in der Hand etwas, was ich Klobürste nenne und nicht so nennen will, weil ich das respektlos finde.

Und Respekt, das ist es doch, was wir hier erweisen wollen, oder? Den Toten, die auch hier sind. Die immer hier sind, während wir Lebenden ihnen heute einen Tag unseres Lebens widmen. Einen Tag unserer Zeit voller Lachen und Gläsern und grünem Gras. Einen Tag unserer Zeit, in der wir das Zeitliche manchmal vergessen und verdrängen. Einen Tag unserer Zeit oder eigentlich nur eine Stunde, die wir eintauschen gegen Stille, Stillstand und vielleicht ein bisschen Langeweile. So lange, bis der Pfarrer an uns vorbeigegangen ist. Bis wir gebetet haben am Ende, ein Vaterunser. Ich finde ihn fair, diesen Tausch unserer bunten, hellen Lebenszeit für diese eine Novemberstunde auf dem Friedhof. Nur fehlt mir etwas dabei, etwas wie ein kleiner gelber Zettel an der Eingangstür zum Friedhof. Ein Post-it, auf dem das Wichtigste dieses Tages steht: dass er Allerheiligen heißt, weil wir alle heilige Menschen sind. Heilige, die an die anderen heiligen Menschen denken, die uns vorangegangen sind auf dem Weg ins ewige Leben.

Wir sind alle Heilige. Kaputte, geheiligte Menschen, die das Heil auf Erden suchen und es im Himmel finden werden. Deren Seele nicht in nasser Erde liegt, sondern auf Händen getragen wird. Hier in der nassen Erde, da stehen feste Grabsteine mit Namen in messingfarbenen Buchstaben, auf Holzkreuzen, auf den durchgeweichten Kränzen von letzter Woche. Mit Lebenszahlen, die nur vage erzählen, was diese Menschen erlebt haben. Hier in der nassen Erde liegt das, was immer sichtbar war. Der Körper, das Alter, das Außen des Lebens. Das Innen, das wir manchmal erahnt haben, wenn alles still wurde, das Ungesagte, die Seele – hier hat sie die Welt und alles, was sie festgehalten hat, verlassen. Ist auf Händen in den Himmel getragen worden oder vielleicht auch direkt in unser Herz. Auferstanden vom Tod ins ewige Leben. Eines, das wir noch nicht leben. Das wir nicht kennen und doch manchmal erhoffen. Dieses ewige Leben, von dem uns das Glück manchmal erzählt – sind da jetzt Eure Seelen? Spüren sie jetzt die Leichtigkeit, nach der ich mich sehne? In meinem bunten, hellen Leben mit dem grünen Gras, den Gläsern und dem Lachen? Ihr heiligen Seelen, ich glaube, ihr wisst etwas vom Leben, das ich noch nicht weiß.

Heute wünsche ich mir Euer Licht für mein Leben. Euer Wissen vom heiligen, ewigen Leben. Ich stelle mir vor, es sind Eure Lichter, die jetzt an den Gräbern brennen. Die mir von der Ewigkeit und ihrer Leichtigkeit erzählen. Die mir das kalte Herz und auch die kalten Füße heute wärmen. Hier am Grab, an Allerheiligen. Dem Tag, der das Licht der Ewigkeit in mein Leben bringt. Und es ein wenig heller macht.

✍ *Geh zum Friedhof, wenn Du das liest. Im Winter schließen sie meist früher, also geh lieber schon am Nachmittag hin. Nimm ein Feuerzeug mit. Wenn Du dort bist, such ein verwildertes Grab. Lies, wer dort liegt und sprich ihren/seinen Namen leiselaut aus. Wenn Du magst, sag Hallo. Wenn nicht, bleib einfach stehen. Was hast Du dieses Jahr begraben? Was ist zu Ende gegangen, zu früh oder endlich? Hat es einen Grabstein? Was ist es? Willst Du es hier lassen, wo Du schon mal da bist?*

Gescheitert

Ich glaube, wenn Gott eines nicht ist, dann konsequent. Zumindest nicht in dem Sinn, wie man darüber in Erziehungsratgebern liest: dass sie nötig sei, damit den Kindern bewusst wird, was passiert, wenn ... ja, wann eigentlich? Wenn sie sich nicht an unsere Regeln halten? Denn dass etwas »Folgen« haben kann, das verstehen sie eigentlich ziemlich schnell und auf ganz natürliche Art und Weise. Ohne »Konsequenzen«, wie Strafen heute gerne genannt werden. Dass das Eis in der Sonne schmilzt, wenn man es nicht schnell genug aufschleckt. Dass Papa vielleicht die Lego-Landschaft aus Versehen durcheinanderbringt beim Staubsaugen, wenn man sie nicht vorher in Sicherheit bringt. Dass der Kuchen schon angeschnitten ist, wenn man zu spät bei Oma ankommt. Das Letzte, was ein Kind dann braucht, ist der Satz: »Habe ich Dir doch gleich gesagt.« Diese elterliche Überlegenheitsgeste kann man sich einfach sparen. Man muss Kindern also keine Konsequenzen androhen, falls sie das oder jenes nicht machen, »damit sie es lernen«. Ich mache das trotzdem manchmal, und zwar aus lauter Überforderung: »Wenn Du jetzt nicht, dann ...!« Ich hasse mich, wenn ich das sage. Weil ich in diesem Moment einfach nur nicht weiß, was ich sonst sagen soll. Und mir damit außerdem den Stress auflaste, dass ich meine Ankündigung danach auch noch durchziehen muss. Denn sonst bin ich ja inkonsequent. Und das wäre ja dann ... ja, was eigentlich? Ein Zeichen von Schwäche? Oder einfach das Eingeständnis, dass ich vorher überfordert war, von meinen eigenen Emotionen mitgerissen eine sinnlose Ansage gemacht habe?

Es ist entlastend, manchmal zu sagen: »Das war blöd von mir und deshalb kommt heute nach A nicht B und nach ›wenn‹ nicht ›dann‹. Sondern ich umarme Dich und Du drückst mich fest.« Manchmal habe ich den Eindruck, wir beschreiben auch die Beziehung Gottes zu den Menschen als eine Art Erziehung, als Elternschaft. So wie Gott Vater und Mutter genannt wird, die Geborgenheit und Sicherheit schenken soll, lasten wir es Gott auf, dass er konsequent zu sein hat. Und dazu gehört nach unserem menschlichen Verständnis, dass wir Konsequenzen zu erwarten haben.

Dann stehen wir da wie die Menschenmenge in der biblischen Geschichte von der Ehebrecherin: Sie hat ihren Mann betrogen, und Jesus soll gefälligst das Urteil über sie sprechen. Eines, das bleibt. Das sie spürt. Schläge vielleicht, öffentlicher Hohn, der in den Ohren gellt. Jesus schreibt sein Urteil auf. Mit den Fingern im Sand. Ein Wind kommt auf und die Schrift verwischt. Ein vergängliches Urteil. Ist das überhaupt eines? Wer weiß schon, was er geschrieben hat? Niemand konnte es lesen. Ich höre den Wind über den Sand fegen, und kleine Sandkörnchen knirschen zwischen meinen Zähnen. Die Angst der Frau. Ihre Tränen, ihre kalten Hände. Ihre Verzweiflung. Knirschen wie Sand und brennen in den Augen. Sie weiß immer noch, wie sich Schuld anfühlt. Dafür braucht sie keine Strafe. Und wer weiß, was sie noch trägt in ihrem Schweigen? Wer an ihr schuldig geworden ist?

Die Momente in unserem Leben, die wir bereuen: als wir nicht da waren; als wir gern mutiger gewesen wären oder stärker oder einfach anders. Sie sind immer noch da. Sie verschwinden auch nicht so schnell. Ein zerknirschtes Herz, eines, bei dem man den Sand noch spürt, das nennt Luther die »Reue des Herzens«. Er sagt, das braucht es für eine ernst gemeinte Buße. Eine Beichte. Buße und Beichte gab es damals noch im Beichtstuhl, in dunklen Kämmerchen mit Vorhang. Dahinter jemand, der als Konsequenz Vaterunser und Ave Maria auferlegt.

Heute gibt es immer noch Buße und Beichte. Aber ohne Beichtstuhl und so oft auch ohne Gegenüber. Es knirscht in uns. Unser Kopf ist voll von Gedanken, Reue. Es ist unglaublich schwer und anstrengend. Und da ist keiner, der Ave Marias verteilt, und keiner, der Vergebung verspricht. Nein, auch das nicht.

Ich glaube, wir brauchen keine zusätzlichen Konsequenzen, Strafen und Auflagen, wenn wir an uns und unserem Leben gescheitert sind. Es tut weh genug. Und es wird noch lange wehtun. Jesus schreibt in den Sand ein vergängliches, verwehtes Wort. Vielleicht schreibt er auf, was alles wehtut, was alles anders hätte sein müssen. Dann kommt der Wind und der laut ausgesprochene Satz: »Und jetzt geh und mach es nicht mehr!« Schwer genug und trotzdem voller Gnade. »Und jetzt geh.«

In den Buß- und Bettaggottesdiensten an einem Mittwochabend ist die Kirche meistens ruhiger und dunkler als an einem Sonntagmorgen. Da steht das Kreuz. Da stehen vielleicht Brot und Wein. Und eine ganze Menge Menschen, denen das Herz schwer ist. Ich würde gern einen Sandkasten dazustellen. Zum Reinschreiben und zum Verwischen.

☞ Im November sind Spielplätze meist unwirtliche Orte. Es ist matschig, kalt und Erwachsene tragen für gewöhnlich keine Matschhosen. Geh trotzdem hin, denn Du brauchst einen Sandkasten. Such Dir einen Stock, irgendetwas liegt bestimmt herum.

☞ Schreibe in den Sand, was Dir das Herz schwer macht. Verwisch es wieder. Vielleicht musst Du das ein paarmal tun. Vielleicht nimmst Du einen heißen Tee oder Kaffee mit und setzt Dich ein bisschen auf die Bank. Geh wieder nach Hause und wärm Dich auf. Du hast etwas Wichtiges getan.

Buß- und Bettag

Narzissen und Kakteen

EWIGKEITSSONNTAG, TOTENSONNTAG

Der Ewigkeitssonntag ist der letzte Sonntag vor dem 1. Advent, also der letzte Sonntag des Kirchenjahrs Ende November. Er hat eigentlich zwei Namen: Ewigkeitssonntag und Totensonntag. Es ist der Tag, an dem man in der evangelischen Kirche der Verstorbenen des letzten Jahres gedenkt. In einem Gottesdienst werden die Namen aller Menschen einer Kirchengemeinde vorgelesen, die seit dem letzten Ewigkeitssonntag bestattet worden sind. Für jede und jeden wird eine Kerze angezündet. Mit der Hoffnung: Euer Licht leuchtet weiter – ganz nah bei Gott und ohne Angst und Dunkelheit.

Auf Deinem Grab stehen Narzissen. Sie leuchten gelb gegen die dunkle Erde an: störrisch und zärtlich, trotzig und stark und dabei demütig den Kopf neigend. Hin zu dem Leben, das da zu Ende gegangen ist. Vorbei und vorüber und selbst voller Blüten und nicht ohne die Dornen und Stacheln von Rosen und Kakteen. Früher habe ich Dir mit verschwitzten Händen Gänseblümchen gebracht und Du, Oma, hast sie in einem Schnapsglas auf den Küchentisch gestellt. Daneben stand das Apfelmus.

Du hast Runzeln und Falten und kleine Hände und eine Schürze an. Du hast so viele dunkle Träume gehabt, glaube ich. Vielleicht haben sie sich in Luft aufgelöst, wenn Du mit Deiner Zigarette auf der Terrasse saßt. Vielleicht hast Du Dir die Zigaretten deshalb niemals nehmen lassen, bis ganz zum Schluss nicht.

Weinen hab ich Dich nie gesehen, natürlich nicht, wessen Oma weint schon? Unverwüstlich wie die gute alte Zeit warst Du und dass Dein Leben so was von nicht einfach war, habe ich erst viel später verstanden. Ist überhaupt irgendein Leben einfach? Jedes Leben hat seine eigenen Narzissen, die eigenen Kakteen, ist voller Lügen und Wahrheiten, manche ausgesprochen, manche nur zu sich selbst leise geflüstert.

Wenn Menschen an einem Grab stehen, steigen die Wahrheiten und die Lügen in ihnen auf. Die Schuld, das Versäumen, die Zärtlichkeit, die auf einmal so verletzlich ist. Menschen weinen um einen Onkel, den sie kaum gekannt haben, weil das Leben auf einmal so unendlich endlich wird. Seines ist vorbei, das eigene dauert noch und vielleicht ist es gar nicht so gut, wenn es so weitergeht wie bisher. Dass alles Leben vergänglich ist und trotzdem so endgültig – wie kann das eigentlich sein? Dass etwas vergehen kann und trotzdem bleibt? So sehr bleibt wie für mich Dein Apfelstrudel, Dein Kartoffelkeller unter der Erde, das Waschbecken, aus dem nur kaltes Wasser kam. Die hohen Daunendecken mit zartrosa Blümchen. Der Tabak in Bröseln auf dem Tisch beim Selberdrehen.

»Wenn du lächelst, hat die Zukunft ihren Schrecken eingebüßt«, singen Element of Crime. Ein Lächeln, das die Zukunft anfangen lässt. Meine hier ohne Dich, trotz allem weiter. Und Deine, denn ich glaube daran, dass Du ewig lebst. Ewig Zigaretten drehst, ewig Strudelteig ausrollst, mit Deinem Wellensittich sprichst. Nur, wenn Du magst, natürlich. Vielleicht willst Du auch endlich mal weinen, jetzt, wo wir Dich nicht mehr dabei sehen können. Um Deine Träume und Dein gutes Leben.

Für Dich wünsche ich mir Ewigkeit, eine gute Ewigkeit. Und für mich die Vergänglichkeit von allem, was mein Leben nicht wahr sein lässt.

Narzissen und Kakteen
ELEMENT OF CRIME

Das Sonntagabendgefühl

Das Gefühl, das man eigentlich nur mulmig nennen kann, wie früher, wenn man am Sonntagabend noch seinen Schulranzen für Montag Früh packen sollte. Dann sieht man das Hausaufgabenheft und heiß läuft es mir durch den Körper, dass ich doch Bio lernen wollte, wirklich wollte, damit es mal nicht so kurz vor knapp ist und zehn Minuten in der Pause reichen müssen. Und dann der Knoten im Hals, weil Georg wieder diese Sprüche gemacht hat am Freitag. Er meint wahrscheinlich nicht mich, aber ich fühle mich gemeint und das reicht.

Sonntagabend. Morgen ist Montag. E-Mails, die nicht beantwortet sind, weil sie zu viele Fragen aufwerfen, auf die doch kein Mensch eine Antwort haben kann. Sarah war kurz angebunden letztens, und ich hab vergessen zu fragen, warum, dabei ist sie mir doch wichtig, was, wenn sie jetzt denkt, dass ich –

Und ich habe nicht alles erledigt und geordnet in meinem Leben. Nicht alles gelöst, nicht alles gekonnt. Zu wenig gelacht. Ich vermisse alles, was schön war, und will es wiederhaben, sofort und jetzt, und es soll Samstagmorgen sein und alles wieder möglich, sogar Laugenknoten mit Erdbeermarmelade.

Eigentlich ist das im Leben immer so, dass Sonntagabend ist und nicht alles so, wie ich dachte, dass es sein sollte. Sonntagmorgen ist es noch gut, weil die Orgel da spielt und der Tag noch lang ist. Und man könnte Kuchen kaufen. Aber dann holt der Abend Dich ein. Hört das eigentlich irgendwann auf? Dass man dem Leben hinterherrennt, als ob es nur Sonntagabende gäbe und keinen Freitagabend oder Samstagmorgen mehr?

Doch, ich weiß ja, dass es aufhören kann. Wenn meine Finger so wie jetzt langsam an der Tischkante auf und ab fahren. Die Tulpen vor mir gelb sind und nach Tulpen riechen. Wenn morgen nur morgen ist und nicht der Tag, an dem ich mein Leben im Griff haben muss, ein für alle Mal. Ein für alle Mal ist nämlich Unsinn. Ein für ein Mal muss es heißen. Der morgige Tag soll für das Seine sorgen.

Jetzt ist Sonntagabend und nur das. Draußen ist es dunkel und die Lichter in den Fenstern der anderen sind auch noch an. Sie denken an morgen und ob alles gutgehen wird.

Seht die Lilien auf dem Feld.
Tun nichts und Gott nährt sie trotzdem.
Und der morgige Tag wird
für das Seine sorgen.

Playlist

(I can buy myself) Flowers
MILEY CYRUS

Dir gehört mein Herz
GREGOR MEYLE

Someone like you
VAN MORRISON

Leaving on a jet plane
JOHN DENVER

God only knows
THE BEACH BOYS

Kann mich irgendjemand hör'n?
LILLITH JULIE JONAH

Narzissen und Kakteen
ELEMENT OF CRIME

Diese Titel und noch einige mehr findest Du
unter *ruach.link/staub-hoffnung*
für Dich zum Anhören zusammengestellt.

Textnachweis

S. 51   Text von Andrea Kuhla

S. 99   Text von Sabrina Biehl

S. 106   Text von Andrea Kuhla

S. 114   Text von Luise Rinser aus: Luise Rinser, Septembertag
         © S. Fischer Verlag GmbH, Frankfurt am Main 1964.

Bibliografische Information der Deutschen Nationalbibliothek

Die Deutsche Nationalbibliothek verzeichnet diese Publikation in der Deutschen Nationalbibliografie. Detaillierte bibliografische Daten sind im Internet über http://dnb.d-nb.de abrufbar.

2. Auflage 2024
© Vier-Türme GmbH, Verlag, Münsterschwarzach 2023
Alle Rechte vorbehalten

Lektorat: Marlene Fritsch
Gestaltung: Matthias E. Gahr
Umschlagmotiv: Tori card store / shutterstock.com
Druck und Bindung: Pustet, Regensburg
ISBN 978-3-7365-0516-2

www.vier-tuerme-verlag.de